U0152218

# 目錄

許晉奎

中國香港營舍總會榮譽會長

相信每位香港人都不會對營舍感到陌生——小時候隨學校到營舍體驗新穎刺激的活動，長大後與朋輩到營舍聯誼聚首，成家立室後再與小孩子到營舍享受家庭樂。

香港營舍服務能發展得如此成熟，實在得來不易。在香港營舍悠久的歷史裡，營舍服務一直面對許許多多的困難。服務能在多年間配合社會變遷而不斷求進、保持創新，實有賴一眾充滿熱誠的營舍業界同工及多方支持，共同迎難而上，才能有現今豐碩的成果。

故此，我十分支持香港營舍界與不同國家的同業分享經驗，促進專業交流。我很榮幸能成為中國香港營舍總會（營

3

總）榮譽會長，予我機會贊助營總在香港舉辦 2011 年世界營舍大會，以及往後贊助營總會員到世界各地參與營舍研討會，讓香港的營舍邁向更專業，更多元化的服務領域。

容我再次感謝過去及現在為營舍發展出力的每一位同業，期待此本《走過百年的香港營舍服務》書籍能展示前人的寶貴經驗，讓後人參考學習，繼續革新營舍服務及設施，建設領先的香港營舍品牌，讓香港營舍繼續與大家一起成長。

# 序二

**容德根**

香港康樂管理協會創會會長

營舍活動帶我們走進大自然，讓我們近距離欣賞大自然的壯麗，更啟發我們的創意。在家人和朋友的陪同下，放慢腳步享受瑰麗的風景，讓常被忽略的身心獲得充份舒解，使我們的生活更豐富，對繁忙的香港人來說是特別重要的。

在《走過百年的香港營舍服務》一書中，多位從事康樂及營舍管理的專業人士，為我們提供了許多營舍發展歷史的寶貴資料和獨特見解，付出了很多時間和努力。因此，不論擁有豐富營舍經驗或是剛參與營舍活動的人，都能從此書中找到寶貴和實用的資料。

美國偉大自然科學家約翰·繆爾曾說：「大自然崇山峻嶺正呼喚，我必須

5

出發。」當你計劃休閒户外活動時，會否像他一樣對大自然充滿熱情？

好好享受這本具質素及充滿趣味的書！

# 序三

黎培榮
中國香港營舍總會創會主席

　　我自小鍾愛大自然！熱愛遊山玩水，嚮往艷陽下的汗流浹背，樹蔭下的金風送爽，高山上眺望遠方，水浪中蘯漾浮沉。

　　我曾經是前線社工，難忘與小朋友在營舍共宿的日子。營舍的團體活動使我們玩得開心瘋狂，在星光底下我們又可以徹夜談心。後期我出任營舍服務的主管，代表機構出席眾多的營舍行政和服務發展會議，知道更多營舍服務的困難和限制，亦明白營舍服務的社會功能和意義。我出席過無數在營舍舉辦的活動，例如服務營、青少年訓練營、學校戶外教育營等，我開始感覺營舍活動的威力，我更確定營舍服務的專業效能。

營舍服務已經不單是享受和欣賞大自然，而是借助大自然融合社會的發展，提升人民的素養！

　　2002 年我有幸成為中國香港營舍總會第一屆執委會主席，使我認識更多不同營舍服務的同工。他們對工作的熱愛和投入，追求進步的態度和努力，引起我對他們的欣賞和尊重。從眾多營舍同工的口中，知道很多前人的奮鬥和堅持的歷史片段，在不同的時刻發揮著重要的功能！然而，這許多的重要傳言和故事，都較零散和紊亂，值得收集及整理。

　　今次《走過百年的香港營舍服務》的出版，能夠系統地將重要的資訊和人物組織起來，實在非常重要。從不同的片段中，我們可以了解前人對營舍服務的理念和經驗。我深信這重要書刊，將會受到營舍服務界的重視，亦會是熱愛大自然、熱愛營舍活動、甚或重視人民素質教育的人士和社團的重要參考典籍！要讓營舍服務在未來的日子，走得更遠，更專業化，更能配合社會變化，這書刊的歷史資訊將會成為我們勇氣和靈感的泉源！

# 序四

**布嘉文**
中國香港營舍總會二零零六至二零一零年
執行委員會主席

　　我於 1977 年 4 月入職香港明愛至 2017 年 1 月退休，大部份時間在營地工作。中國香港營舍總會（營總）成立，香港明愛進入第一屆執行委員會，我代表機構參與會務，有幸因而得以在另一個層面服務香港，並因此得到擴闊國際視野的機會。

　　香港滙聚中西文化的精華，營舍的發展亦以北美營地工作的理論和實踐為基礎，後輔以台灣發展成熟的營地活動技巧，香港營地服務在 70 至 80 年代社會快速發展下，迅速樹立規模和成功培育一體系的營地工作者。

　　培訓人才成為當前重任，必須要給員工走到外面體驗和學習，也要製造機

會讓世界各地的同業來到香港，大家交流，互相學習。然而，在擴闊國際視野這重要一環，仍然機會有限，直至營總開展對外工作，香港營舍才在這領域展開大步。

2004年營總派員出席在蒙古共和國舉行的亞洲營舍總會成立會議和典禮，訂定的會務包括每三年一次由成員舉辦營舍大會、促進交流，和提供交換人員學習的機會。本人代表香港營舍總會成為創會委員，見證營總開始接觸世界各地的營舍機構和業界並建立工作聯繫。

2006年，由馬來西亞營總主辦的第二屆亞洲營舍大會假怡保市舉行，會上通過擴大會籍而成為亞洲大洋洲營舍總會，香港成員活躍於是次大會並展現有力主辦未來的亞洲大洋洲營舍大會。2008年底營總獲亞洲大洋洲營舍總會邀請主辦第四屆亞洲大洋洲營舍大會，並引薦營總申辦第九屆世界營舍大會，目標是於2011年在香港舉辦第九屆世界營舍大會暨第四屆亞洲大洋洲營舍大會。

面對這個極具意義但艱辛的任務，營總發出無比的動力，得到各會員機構的支持，決定申辦並展開籌備。2009年，第三屆亞洲大洋洲營舍大會於台北舉行，會上確認香港接辦第四屆亞洲大洋洲營舍大會，世界營舍總會執委會亦到場宣佈有關接辦來屆大會的決定。

大家傾力之下，2011年營總成功主辦第九屆世界營舍大會暨第四屆亞洲大洋洲營舍大會，為香港營舍服務發展豎立一個重要的里程碑。

# 序五

孔淑恩

中國香港營舍總會二零一六至二零二零年

執行委員會主席

　　回想小學六年級時參加小學畢業營，與同學們在大倉裡促膝談心，營火晚會與天才表演的精彩時刻及歡笑聲，成為人生珍貴的回憶片段，亦在成長階段裡留下烙印。營舍活動除可為各人製造難忘時刻，亦可啟發不同人士的創新玩意與反思。更想不到本人會與營舍服務結下不解之緣，畢業後第一份工作就是投身營舍界，轉眼便渡過了二十多個年頭，參加小學畢業營時真的沒有想到啊！

　　從參加小學畢業營到投身營舍行業，營舍服務都隨著時代步伐，無論設施、活動及服務等都不斷邁向專業及進步。上述的轉變讀者都可從這本《走過

11

百年的香港營舍服務》內細味，亦可從中透視營地前輩們的智慧及經驗；期望能感染更多不同人士喜愛參與營舍活動及加入營舍工作，使整個行業持續發展並更顯光芒。在此衷心感謝各前輩及同業的努力，使營地的歷史及光輝得以承傳！

# 序六

饒奕明

中國香港營舍總會二零二零至二零二四年
執行委員會主席

　　《走過百年的香港營舍服務》不單單記載香港各個營舍歷史的發展，同時亦滿載營舍與大眾市民一樣經歷時代變遷，按著社區需要，扶育青少年發展，提供優質康樂服務的一個完整記錄。

　　自小已經開始參與不同類型大大小小的營會活動，每次都能夠留下深刻印象，透過「去 Camp」，與朋友建立了深厚的友誼；透過「去 Camp」，更加能夠認識自己；透過「去 Camp」，了解到自己職業路向。記得自己 20 年前開始投身社會工作，毫不猶豫選擇了加入營舍服務的家庭，發覺行業講求的專業性以及服務願景遠超自己想像。近年有幸參與世界各地不同營舍研討會，了解到香港

營舍的歷史發展，社會服務的層面比起很多世界各地的營舍更有歷史，運作系統成熟完整，由政府、社福機構、辦學團體、以至不同類型的社區組織結合的運作模式可以說就是全球獨一無異，值得參考。相信大家透過細閱這本書刊定能夠更加了解我們營舍的使命特色，了解行業多年來在社會上所作出的貢獻。

衷心感謝創會成員，歷任執行委員會委員多年來的努力和貢獻，本書刊工作小組成員一直努力不懈，精益求精，以及正在閱讀這本精采書刊，認同營舍在過往多年來一直服務大家的你們，期待香港的營舍在未來與大家繼續共同成長，寫下另外一個百年歷史！

# 編輯小組的話

　　曾幾何時尋典籍搜經書，欲了解香港的營舍服務發展由來及源起，都不得要領，坊間介紹的，多是以旅行遊玩作題材，只偶爾一字半句提及某個營舍的發展簡史，無法詳細及有組織地去理解此服務的孕育、誕生及成長，以及行業的興起、轉變及發展等。直至中國香港營舍總會（營總）於二零零八年獲邀，首次於二零一一年主辦第九屆營舍世界大會暨第四屆亞洲大洋洲營舍大會後，營總遂決定將本港營舍服務的發展歷史有系統地編寫成書，並將此任務交由轄下的專業事務委員會負責，展開初步及漫長的資料搜集工作。

　　為忠於史實配合近期社會事件及新冠肺炎疫情等重要經歷，本書編著期限延伸至二零二三年八月一日營總成立二十一周年之後相見，慶祝營總生日及分享營總過去甜酸苦辣點點滴滴作結。

　　首先，營總向全港由政府及非政府組織管理，並且公開給市民租用的非牟利營舍發出「營舍發展研究調查問卷」；我們感謝機構及同工的回覆，提供了寶貴資料及具歷史價值的照片。此外，營總亦發函邀請不同機構推薦合適的人士作訪問，多位「資深營舍人」接受了訪問，當中更有旅居海外，專誠回港協助提供史料的受訪者，透過訪問及反覆核實工作，終於收集了不少珍貴的口述歷史。「香港營舍歷史發展研究書刊編輯小組」隨後組成負責編輯文稿工作，並邀得前

資深歷史科老師蘇婉琴負責撰稿工作;資深營務工作者伍建新仗義協助校對,可見整個資料收集及整理文稿過程中,多位現職及退休營舍同工不辭勞苦,在不同領域上作出貢獻,在此不盡詳錄,均致以衷心謝忱。

最後,編輯小組十分榮幸徵得一位香港中文大學歷史系教授及資深報人鄭明仁義務襄助指正文稿。成功出版此書籍除有賴營舍界同業大力協助,更多謝營總榮譽會長許晉奎、營總榮譽顧問及香港康樂管理協會創會會長容德根、營總歷屆主席及執委的鼎力支持。

營總冀盼《走過百年的香港營舍服務》一書,能予大家分享營舍服務在香港百多年來的發展歷史、現況及前瞻,並能夠為那些對本港營舍服務曾付出貢獻的前輩留下文字紀錄,好讓讀者能全面了解營舍服務的真正意義;也能提供基礎史實予有興趣從事這方面研究的學者或學術機構作參考。最後,我們明白此書仍然有着多方面需改善之處,而且營舍眾多,不能盡錄,希望各方組織、賢達、持份者及讀者多多包容及指正!

🌱 編輯小組成員(左起)麥瑞麟、饒奕明、陳瑩、蘇婉琴、莫頌平、黃達明、何松燊、吳龍光

# 第一章

# 營舍服務政策的源起和演變

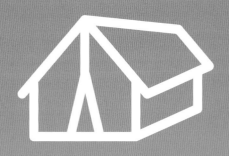

# 營舍服務政策的源起和演變

## ⛰ 香港營舍服務的起源

香港最早記錄的營舍
活動在一九二零年，香港
中華基督教青年會（中青）
在長洲舉行了第一次的童
子營，為期十日，住宿以
營幕為主，當時香港未有
固定的營舍提供宿營服

🌱 **香港中華基督教青年會於一九二零年舉辦第一次的童子營**

務，而營舍活動都是以活動為本，按特定主題舉辦的。

至一九二二年，香港基督教女青年會（女青）也開始舉
辦夏令營。當時是借用屬下會員的別墅或郊外的學校作為營
址，沒有固定營舍。至一九三五年，香港政府（政府）租借
荃灣的一所古老大宅給女青作為營舍，名為光漢樓，舉辦少
女營、兒童營、中學生營、大學生營、職業青年營及領袖訓
練營等，藉以培養團契精神及訓練人才。可惜第二次世界大
戰時，香港淪陷，光漢樓營舍被毀，營舍活動亦告暫停。

🌿 香港基督教女青年會曾於戰前租借光漢樓舉辦營會

🌿 香港童軍總會曾於柴灣建立營地

　　至一九二九年，香港童軍總會以一萬六千元於柴灣買地，建設柴灣營地，供童軍作訓練用途。該營地於一九七零年交還政府以換取大潭用地，建成現今的大潭童軍中心。

## ⛰ 四十年代至五十年代的營舍服務政策 ⛰

　　早期香港只有個別組織的營舍活動，尚未有營舍服務政策的概念，營舍服務的發展實與香港戰後的歷史有密切關係。第二次世界大戰結束後，香港人口下跌至只有約六十萬，其後大量難民來港，香港人口急增至約二百二十萬，政府因此面對極大的房屋、醫療、教育等壓力。當時香港經濟蕭條，失業率高，而一般家庭人口眾多，生活非常艱苦，很多人住在山邊的木屋或戰後唐樓的板間房。由於居住環境擠迫，很多兒童流連街上嬉戲，造成嚴重的「街童」問題，這引起社會上一些有心人士的關注，他們認為這些兒童極需保護與培育。

　　一九四六年八月，香港小童群益會（小童群益會）會長何明華會督（Bishop Ronald Owen Hall）提議把小童群益會在赤柱海邊的夏令營改建為兒童會暨兒童營（Stanley Boys Camp），為那些家境窮困、生活無依，甚至單親和流浪的失學兒童和少年罪犯，提供各種有組織、有意義的戶外活動，期望他們得到健康成長，從而發展他們的興趣及培育他們成為良好公民。

🎤 早年赤柱兒童會暨兒童營，今成為了航海學校

一九四九年初，香港社會服務聯會（社聯）的青年團體常務委員會首次倡導本港貧困兒童該有享受鄉村及海濱景色，度過愉快假期的機會。該委員會向政府提出：「必須設立永久營地使貧童得以享受戶外露營的生活」，由此催生第一個永久性的兒童營出現。兒童營的服務目的是使生活在稠密和不潔環境中的貧苦兒童得以享用合適的度假地方；並通過營舍生活，養成兒童友愛合作的精神。兒童營於一九五零年在銀鑛灣興建，一九五二年正式運作，由青年團體常務委員會屬下的營地管理委員會直接管理，受社會福利署資助。這是香港第一個永久性兒童營，也是當時東南亞第一所兒童營。第一位營主任是由社會福利署借調的社會工作者羅志堅，社會福利署並委託海軍部一位司令的夫人任委員會秘書。其後，銀鑛灣兒童營於一九六六年三月轉交香港兒童遊樂場協會（香港遊樂場協會前身）管理。

🌿 銀鑛灣兒童營不單是香港第一所兒童營，也是東南亞第一所兒童營

🌿 銀鑛灣兒童營早期營舍戶外活動

與此同時，中青於一九四九年後亦多次舉辦少年營和學生營。當時在石硤尾、深水埗等山邊的木屋有很多瘦弱及營養不良的兒童，中青得到外國教會的資助，為這些兒童舉辦當時名為「童子營」或「健康營」的活動。雖然缺乏固定營地，辦營團體會善用大自然環境，在郊區用帳幕露營，以培育兒童的健康身心。直到一九五六年，青年會和獅子會合作建設將軍澳青年營，成為全港第二個提供康體服務的營舍，於一九六零年投入服務。

　　中青前執行幹事廖義棠提到：「一九五零年參加『少年夏令營／國際少年營』時，擔任組長角色，在赤柱聖士提反書院大球場紮營，為期十天。每年暑假只做一至二期夏令營，每期不超過三十二人，每八人一組，參加者年齡八至十四歲。活動概念是由美國引入，主要是行為和品格的訓練，目的是透過群體生活，訓練兒童與人合作和建立個人良好的飲食習慣，因而入營前須經醫生做體檢和磅重」。以上描述反映當時營舍活動的目的及要求的嚴謹。

© Chinese YMCA of Hong Kong

🌱 將軍澳青年營舊貌

此外，女青亦於戰後十多年，繼續於不同福利機構開辦之營舍進行夏令營，至一九六一年獲政府撥地，興建位於大嶼山磡石灣的青年營。

回顧上世紀前半期，第一個永久的兒童營正式運作前，香港已有教會和福利機構舉辦短期宿營活動的記錄，對象全是兒童。營內提供康樂活動和營養食物，強調團體紀律和品格鍛鍊。入營時段一般是七天至十天，而且只集中在某些月份。當時的營舍多是暫時借用的，其後這些營舍大多改變了用途，例如早期赤柱海邊的兒童營便於一九五九年改建為香港航海學校。而香港童軍總會的柴灣營地，其後亦改建為現時的康樂及文化事務署柴灣公園。

## 六十至八十年代的營舍服務政策

### ▸▸ 營舍服務急速發展

六、七十年代「街童」問題仍然存在，而戰後嬰兒潮的出現，更令兒童和青少年的人口比例趨升，對營舍服務的需求更大。小童群益會每年五至十月間，會在赤柱及馬灣營舍，為兒童舉辦兩星期的宿營活動。德國教會亦於六十年代籌款興建明愛長洲營舍，給予貧苦兒童有機會享受愉快的群體生活。香港童軍總會亦於一九六零年獲政府批出一塊位於大老坳的基維爾營地，是全港第一個野外露營營地，於一九六八年正式啟用。

除健康營外，戶外教育營計劃亦於一九六三年正式開

始，由當時的教育司署撥款資助學生於平日上學時間到營舍進行活動及參與課堂學習。各營舍可按其獨特的環境去創造特色的活動，以豐富學生在課室外的生活體驗，譬如林村的營舍會讓學生觀察河口生態；長洲的營舍會讓學生探張保仔洞等。因為當時香港是英國殖民地，教育營課程也參考了英國的戶外活動模式，於營會中有很多戶外學習經歷，例如遠足活動、軍訓營、林務營等；靠近水邊的營舍，更發展水上活動。

前教育局總課程發展主任（體育）何振業提及，在六十年代初，教育司署督學組內參與戶外活動發展工作的督學，有 George Button，容德根及人稱 Camping Sir 的趙錦平。那時候，教育司

戶外教育營競技遊戲環節

署體育組編排官津小學每年進行為期五天的「戶外教育營」，程序主要是早上於營舍內上課，下午參與營舍提供的活動，例如堆沙、球類活動及遠足，晚上有晚會或營火會等基本活動。直到九十年代中期開始，很多外國教育理論認為體驗式學習和拓展訓練對個人成長及團隊訓練甚為重要，興起了歷奇輔導的理念，隨著歷奇活動在香港的興起，不少營舍都於戶外教育營中加入歷奇訓練，而早上的課堂時間，漸漸都變成活動時間了。

一九六七年香港發生暴動，對營舍服務的發展也有一定的影響。當時認為六七暴動發生的其中一個原因就是青少年缺乏活動。政府有感社會動盪，青少年問題嚴重，於是開始關注青少年政策，並大力推展康樂活動，而營舍服務是重要的政策之一。因此，六十年代中至七十年代間，很多來自不同機構的營舍陸續建成，包括香港青年協會 ( 青協 ) 南丫青年營、香港明愛明暉營、小塘營及愛暉營、香港浸信會浸會園、女青、中青烏溪沙青年新村及聯青社 - 青年會黃宜洲青年營、香港遊樂場協會東涌戶外康樂營、香港童軍總會大潭童軍中心及洞梓童軍中心、香港宣道會基督教宣道園、政府西貢戶外康樂中心、保良局北潭涌度假營等。

此外，一九七三年香港青年旅舍協會正式成立，為行山人士提供中途休息的地方，但只提供住宿和少量活動，營友需自行負責烹調食物和清潔旅舍。香港青年旅舍協會也是國際青年旅舍聯會（Hostelling International）成員之一，服務有別於一般營舍，這不但標誌營舍服務與國際聯繫，也為青少年和成人提供了另類的營舍服務。

早期營舍受制於環境和設施，面對不少困難。一般營舍地處偏僻，交通大多不便，很少有直達營舍的交通工具。若是位於離島，早年更只得渡輪來往離島，班次疏落，下船後一般還要步行最少十多二十分鐘才能抵達營舍，對一些長者、幼童及傷殘人士來說，是一件非常吃力的事。早期營舍員工因此要負責接送學生到碼頭，或特別安排交通工具來往營舍。其次，營舍因偏遠關係，參加者往來營舍除耗費不少

交通時間，亦要支付較昂貴的舟車費。同樣，對於營舍員工往市區進修或實習，交通時間和費用支出，也是一個障礙。

另早期很多營舍倚山而建，因地勢及地質等問題，要擴闊營舍用地和增加設施均非常困難。縱使以上問題得到解決，運輸費亦遠比一般市區的高昂，直接對營舍的發展造成障礙。不論早期或今天的營舍，很多都面對人手及資源不足的問題，尤其是那些非政府資助的營舍，他們在改善設施或提供創新服務上，均需由機構自行負擔，經營不易。

七十年代開始，港督麥理浩爵士認為可以透過康樂活動去幫助青少年，因而大力推廣消閒康樂活動，不但積極提供設施給公眾，更利用大眾傳媒加強宣傳康體活動。一九七四年十月二日，更成立了隸屬教育司署的康樂體育事務處（康體處），主力推廣全民康樂活動，而香港營舍服務也包括在政府整個康體政策內。按前首席助理文康廣播司容德根憶述，當時康體處的經費並非來自公

🌿 七十年代成立的康體處致力推動露營及遠足活動

帑，而是來自一位無名的熱心商家捐贈。港督麥理浩指定這筆一千萬元的捐款用作康體發展之用，該署六個月後會再作檢討，若發展不理想，便需解散部門和遣散人手，將撥款轉撥作其他青年康樂發展之用。

容德根指出早期康體處的辦事處設於九龍公園前英軍軍營辦事處，即現今九龍公園游泳池所在位置，是一間很舊的小屋，一年後才搬到位於紅磡馬頭圍道旁的順安中心、永安中心及海港中心等地方辦工。康體處發展營舍的宗旨是和各區不同的機構和營舍合作，充分利用香港的營舍，為青年人舉辦活動，要做到地盡其用、人盡其才。當年大力推動康體政策的高級官員有民政司黎敦義（Denis Bray）、民政署署長何鴻鑾，以及教育司署首席教育官祁仕維（Mike Caswell）、總康樂體育主任梅美雅（Betty Mair）和容德根等人士。

七十年代，政府經常與營舍服務機構合辦多元化營舍活動，甚受歡迎。其中一個「海陸空計劃」，由康體處、營舍、香港電台及英軍合作，借用英軍的直升機和掃雷艇讓市民體驗坐直升機

🎙 能坐直升機去露營，難怪活動大受歡迎

和戰艦的經歷，再到中青烏溪沙青年新村等營地進行活動。這計劃經媒體宣傳後，哄動一時，市民反應踴躍，不到三天已收到十萬多份申請表，申請者需抽籤才能參加。由於活動極受在職青年歡迎，「海陸空計劃」其後延續每四週舉辦一次。此外，香港三軍司令部每兩周開放添馬艦總部給市民參觀，並提供彈床、釣魚、保齡球等活動，其他軍營如深水埗營亦仿傚有關活動的做法。

一九七三年前，本港還沒有由政府營運的營舍，當時祁

仕維、梅美雅及容德根三人忽發奇想，欲把已關閉的軍營變做營舍，後來這構想獲得政府支持，於是，康體處遂展開將西貢英軍軍營舊址改為營舍的計劃，西貢戶外康樂中心（西貢營）正式於一九七六年落成。

西貢戶外康樂中心是政府主辦第一所營舍

容德根回想當年建立西貢營時，整個計劃獲麥理浩批出四十萬元作為設計和建築費，但卻要在六個月內完工並開幕。他指出該營舍改建時困難重重，在缺乏資源和資金的情況下，康體處不得不急用社會資源，請有關部門、慈善團體、學院和私人機構合資合作，幸得相關部門簡化手續，建築商人和供應商贊助部份器材、港澳 303 區獅子會贊助在內興建自然教育中心等，令計劃得以順利推行。

唯最大的難題，是要將部份當地村民的祖先山墳移去，故不得不與村長和受影響村民進行協商，這方面多得康體處職員與西貢鄉事委員會共同協力跟進，最終得到村民的諒解及同意，令工程能正式展開。在工程上，幸得香港大學土木工程系教授 Dr. Peacock 和四十名大學生幫忙測量，用最經濟的方法將軍營改為營舍房間。說到興建中最大的挑戰，可說是要將一個靶場，在兩個月內，興建成為一個泳池。在建築工人通宵達旦地工作，加上英軍和一些義工的幫忙，營舍終能奇蹟地準時開幕。總括來說，能在如此短期內將使命達

成，除有賴麥理浩及黎敦義的推動，亦是各個政府部門如康體處、建築署、漁農處和香港大學一同努力的成果。事實上，一九七五年後，政府嘗試制定政策去發展營舍服務，期望所有營舍得到充分利用；後來這政策獲得立法局通過，政府亦開始興建政府營舍。西貢營於一九七七年初由英國雅麗珊郡主主持開幕典禮。容德根憶述，當時康體處特別邀請香港遊樂場協會銀礦灣營舍管理專才趙善強為第一任營舍主任。

而西貢營開幕後深受市民歡迎，並被稱為「大眾郊野別墅」。容德根輕鬆地提到西貢營開幕當天，麥理浩向多位官員高興地說：「在這裡露營真棒，讓我們把露營發展正式成為政策吧！」（憶述原文：Camping here is so enjoyable, let's make camping a policy.），結果營舍服務政策得以確立。

當年政府鑑於戶外活動能令青少年及成人身心獲益，帶來正面效果，在當時「各家自掃門前雪，不管他人瓦上霜」的社會裏，有助加強人與人之間的關係，發揮睦鄰作用，於是興建更多營舍服務全港市民，麥理浩夫人度假村（麥村）及創興水上活動中心（創興中心）因此陸續建成。

談到麥村，容德根指最初康體處提出發展萬宜水庫工程師宿舍改為營舍時，亦有其他政府部門如警務處、廉政公署、懲教署、社會福利署等均希望取得這個地方成為他們的會所或俱樂部。及至萬宜水庫於一九七九年建成後，熱愛郊野活動的麥理浩決定把宿舍用地改建成大眾使用的營舍，並獲慈善家鄧肇堅捐款二佰萬元贊助部份興建費用，這亦是他首次將捐款作康樂發展之用。後來在一九八一年一月八日，麥村

在麥理浩和鄧肇堅等人仕見證下，由港督麥理浩夫人主持揭幕啟用儀式，成為本港第二個政府營地。

🌱 康體處出版的康體活動傳真向市民推介政府營地

一九八三年啟用的創興中心原址是興建萬宜水庫時的防水堰，當萬宜水庫興建完成後，本須將整條堤壩拆掉，但當時的康樂文化署建議將蓄水池改為興建一個人工湖，用作水上活動之用，進行一些較初級的風帆、滑浪風帆及划艇等活動。文康廣播科並得到廖創興銀行廖烈文及廖烈科兄弟的贊助，建成了創興中心。後來政府也提供更多資助，改良當中的設施，市民除了可在此進行水上活動，更可參與日營及露營，附近麥村的營友，亦能使用中心水上活動設施。

康體處的成立及政府營地的建立，是營舍發展重要的一環。但康體處當時仍未成為一個獨立的政府部門，只是教育司署其中一個單位。隨後政府營舍交由前市政總署及前區域市政總署管理，營舍發展政策及營舍資助事宜則交由在

一九八九年成立的文康廣播科負責。除西貢營、麥村及創興中心，兩所政府營地──鯉魚門公園度假村和曹公潭戶外康樂中心亦分別於一九八八及一九九一年投入服務。其後康樂及文化事務署 ( 康文署 ) 成立，負責營舍相關事宜至今。

　　社聯兒童及青年部之營地及宿舍委員會於一九七三年六月出版第一部香港營舍手冊，以配合政府發展社區及團體工作的計劃，也和社會福利白皮書在新界擴展營舍的提議互相呼應。由於手冊深受團體及學校歡迎，很快便被認購一空，故於一九七六年四月再版，當時介紹的營舍已有四十四個。更重要的是手冊作出營舍標準的建議管理、人事、營舍設備、健康安全措施和交通工具等方面提供意見，供營舍營運者參考。這營舍標準建議是首次給本港業界有系統的營運管理簡介。

## ⛰⛰ 營舍服務政策的重大轉變 ⛰⛰

　　於八十年代，因教育署津助的戶外教育營漸受重視，社聯兒童及青年部營舍服務協調委員會轄下之戶外教育營工作小組，由莫頌平作召集人，與教育署體育組督學趙錦平合作，於一九八四年製訂香港戶外教育營工作計劃手冊，設定模擬時間表，説明營地與學校的分工、修訂課室課程、活動程序編排、學生於營內的紀律守則、膳食安排、導師帶領不同活動的人手比例及緊急事故的處理程序等。更製訂學校用營檢討表，分別由學校及營舍填寫，交回教育署作整理，作為每年分析改善之用。戶外教育營包括中、小學及特殊學校三種，

戶外教育營工作小組有感當時教育署只資助小學五日教育營的政策未能配合大部份學校需要，遂提出改變原有的教育營模式。小組並建議每期教育營可彈性地選擇三日或五日，讓老師和學生也較易參與。經多次磋商後，政府接納這教育營政策。自此，三日兩夜的教育營廣受歡迎，至今超逾九成的教育營均是三日兩夜的模式了。新政策亦惠及營舍，因政策推出後，使用營舍服務的學校大幅增加。

🌾 戶外教育營計劃發展多年，營舍發展出各具特色的活動

🌾 香港戶外教育營工作計劃手冊，為營舍及學校設計教育營活動的藍本

一直以來，大部分營舍都是受社會福利署（社署）資助的，直至八十年代政府推出社會福利評估報告，將獲資助的社會服務分為第一類（首要的社會服務）或第二類（次要的社會服務），而營舍服務於報告中被視為第二類的服務，報告並建議成立一個新部門負責全港康樂體育事務，此舉直接影響政府對營舍服務的資助模式，同時亦引起營舍服務應屬於康體服務還是福利服務的討論。

一九八八年，營舍服務落實轉制，本來受社署資助的營舍，全數轉到當時的文康廣播科及現在的康樂及文化事務署負責。當時社聯成立了一個由志願機構營舍服務代表組成的營舍服務協調委員會，為代表營舍服務同工的一個協調組織。有關一九八八年後營舍服務員工職級的過渡安排，營舍服務資助的細則：包括服務的津助金額標準，營舍服務的服務指標，職員入職要求及薪津計算的方法等，均由這委員會與文康廣播科商議。參與商議的成員有政府康體部門代表，先後有關秉源及潘澍基；社聯代表有社聯助理總幹事陳彩英、救世軍小組及社區服務事務主任胡潔英、香港明愛小組及社區工作服務協調總監林余儷伶、小童群益會總幹事梁魏懋賢、中青執行幹事廖義棠和保良局康樂服務部主管莫頌平。

自此，除政府營舍外，營舍服務可以概略分為受政府資助與非政府資助兩大類別。時至今日，全港受康文署資助的營舍及水上活動中心共二十五間，另有一間營舍受社署資助；此外，其餘營舍都是由各社福或其他機構自資興建及以自負盈虧方式提供服務。

一九九二年，政府推行資源緊縮政策，當時政府計劃大幅削減營舍服務的津助，由原本每年一千五百萬元，削減至一千萬元，相等於削減營舍三份一的津助，此舉嚴重影響營地服務員工薪酬及福利，營舍同工發起遊行請願。

營舍轉由文康廣播科資助後，曾透過報章介紹不同的資助營舍

經過三年的商討，政府決定維持原有的資助水平，事件告一段落；並於一九九五年正式確立了香港營舍服務的資助指引。

為使營舍服務得以改善並達致長遠發展，當時的營舍服務資助指引提出，必須在人才和設施兩方面進行改革。因此，政府一方面為所有營舍員工提供進修課程，並增設康樂體育主任職級的職位，其待遇盡量貼近政府營舍員工的待遇。另一方面，各營舍可提交一些工作及設施改善計劃，然後按緩急先後向文康廣播科提出申請，經審視後，文康廣播科會協調及支持各營舍向相關公共基金申請資助。指引亦清晰列出營舍的服務輸出量，原則上以每年營運二百五十日為基數，以營舍提供的宿位多少，訂定個別營舍每年最少要達到的服務使用率（百分比）。有關使用率的要求沿用至今。

由此可見，一九八八年是營舍服務的轉捩點，以前營舍

服務是由社署管理，是社會福利的一環。早期的營舍服務著重個人品格培育，以達致社會福利工作的意義和功能。後來營舍服務的資助和監管轉為文康廣播科，營舍服務的功能亦轉為以康樂為主，旨在為全港市民提供有益身心的康體活動及營舍體驗。

除政府資助外，早期不少營舍的主要津助來源是來自教會，因此這些營舍的活動與福音工作互相緊扣。當中的代表有突破青年村、循道衛理聯合教會衛理園、香港浸信會聯會浸會園、宣道園等，均很清晰表明其主要使命是將宗教理念融入營舍活動，不單為教會提供退修場所，更積極開展學生福音營事工，協助青少年成長。可見營舍的功能，部分也受其成立背景及歷史因素影響。

循道衛理聯合教會衛理園

## 廿一世紀的營舍服務政策及國際交流

　　一九九六年香港嘉利商住大廈五級火災，引致四十一人喪命及八十人受傷，當年立法局要求政府全面檢討短暫住宿地方的樓宇和消防標準，遂制訂了【旅館業條例】。而本港營舍由於一般提供短暫住宿不超過二十八天，亦屬於受規管之內，需要領取賓館牌照。

　　由於許多營地都是早年發展，為要滿足【旅館業條例】的要求，改善工程規模都非常大，包括改善或增加消防水缸、安裝消防花灑、煙霧探測器及加設消防喉及滅火設備、防火門、耐熱阻燃床舖及窗簾等等。如此的改善工程，對一般營舍來說所費不菲。而改善工程亦非一朝一夕可以完成，營舍很有可能因未取得賓館牌照而要停止提供服務！

　　為解決營舍面對【旅館業條例】的困難，社聯轄下的營舍服務協調委員會與民政事務總署立即召開緊急會議，要求政府為受資助的營舍提供財政支援及延長領取牌照的寬限期。其後各資助營舍均獲政府特別批款進行改善工程；非資助營地則需自行找資金進行，例如向賽馬會申請撥款。許多營舍因為工程繁多，需局部或全部暫停服務以進行裝修。自此所有受規管的營舍均備有賓館牌照，所有消防設備亦需由認可消防承辦商作年檢，確保合符規格及安全要求，讓營友安心。

　　二零一四年，牌照事務處展開【旅館業條例】檢討，其後將賓館牌照分為四類，包括酒店、賓館（一般）、度假營及度假屋單位。本港營舍一般皆是持牌賓館（度假營），牌

照會張貼在當眼處供入營者知悉。

二零零四年十一月乃旅遊旺季，由於本港酒店房間緊張，接待內地團的旅行社將西貢兩個度假營當作三星級酒店，五個內地旅行團共一百七十九人抵達後發覺「貨不對辦」，拒絕入住，旅遊業議會斡旋後，團員終獲安排住

現全港營地均領有賓館牌照作營運

四星級酒店，事件平息。其後，為清晰營舍服務香港市民的角色，康文署向所有接受該署資助的非政府機構營舍提供指引，營舍不可接受以旅行社或旅行社代理人身份申請租用營舍。自此同類事件鮮有出現。

二零零一年，社聯作出機構策略性重組，解散運作多年的兒童及青年部營舍服務協調委員會。各營舍服務機構遂主動商討成立一個獨立的服務協調組織，希望藉此延續前委員會協調的功能及提供專業訓練給服務同工，以提高營舍服務質素和水平；另一方面希望這組織可以聯繫各營舍的服務同工，促進知識和經驗交流；更希望成為香港營舍與世界各地營舍及營舍服務總會聯繫和溝通的橋樑。

二零零二年一月，社聯發信邀請各提供營舍服務的機構，共同籌組中國香港營舍總會籌備委員會。籌備委員會成立後，舉行多次會議及進行籌劃工作，最後議決以有限公司

模式成立，由中青代表伍建新、青年獎勵計劃代表黎培榮及保良局代表莫頌平共同制訂會章內容，並於二零零二年六月二十一日正式獲公司註冊署批核成立中國香港營舍總會 Camping Association of Hong Kong, China，並以二零零二年八月一日國際營舍日，作為中國香港營舍總會（營總）成立的典禮日期，黎培榮被推選為首屆執行委員會主席。

🌱 中國香港營舍總會於二零零二年八月一日正式成立

🌱 香港不同營舍於國際營舍日與營友共享紅雞蛋作慶祝營總的成立

　　營總成立初期，成為了凝聚營舍界同業的重要平台，執委積極為會員安排培訓，曾舉辦射箭指導員及天文導師培訓等課程。為加強同業帶領活動的安全意識，營總於二零零六年推出了香港營地常用啟導活動參考指引，列出十四項啟導活動須注意的事項，另於二零零八年推出了營地及水上活動中心營運指引大綱，成為了香港營地運作的重要文憲。

　　隨著會務發展，營總更加強與國際營舍同業的聯繫，協助營舍同工參加國際營舍總會的世界大會及地區研討會，足跡遍及中國內地、日本、韓國、台灣、馬來西亞、澳洲、加拿大、美國、土耳其、蒙古國及俄羅斯等。

營舍總會與國際營舍組織連繫，多次舉行海外交流活動，足跡遍及韓國、馬來西亞、中國內地及土耳其等

🌱 國際營舍總會派員來港參與香港營舍總會
世界大會籌備會議

　　二零零九年，營總獲國際營舍總會邀請，成為第九屆國際營舍世界大會暨第四屆亞洲大洋洲營舍大會的主辦地區，並由前內務副主席布嘉文擔任籌委會主席。在各個會員機構及同工同心協力，加上營總榮譽主席許晉奎及香港旅遊協會的贊助，第九屆國際營舍世界大會暨第四屆亞洲大洋洲營舍大會營舍大會終於在二零一一年十一月假中青烏溪沙青年新村成功舉辦。

　　雖然這是本港營地界首次舉辦如此大規模的會議，但整個大會吸引了來自十六個國家和地區的營舍服務同業，並愛好營舍活動者共四百多人參與。值得一提的是，至今仍然未有地區或國家能同期

🌱 營舍世界大會開幕禮醒獅助慶

承辦這兩個國際性營舍會議。整個籌備過程讓營地界同業更見團結，會員間的聯繫更見緊密，會議內容讓同工擴闊視野，對本港營舍界的發展帶來非常正面的影響。

INTERNATIONAL CAMPING CONGRESS HONG KONG
2011.11.04-07 WU KWAI SHA YOUTH VILLAGE

✿ 營舍世界大會參加者大合照

✿ 不同國家文字表達的「營」

　　累積了主辦營舍世界大會的經驗，營總於二零一三年三月，在慶祝成立十周年的同時，與香港浸會大學合辦「香港營舍服務 - 教育的伙伴研討會」，參加者有來自各國營舍及戶外活動機構的負責人、本港大學生及本港營舍同工近二百人。

**走過百年的香港營舍服務**

🌿 營舍總會舉辦研討會，有助提升營舍服務的質素。

🌿 香港營舍業界互相支持各
營舍的發展及服務

🌿 在日本舉行的亞洲大洋洲營舍大
會推廣香港營舍服務

　　營總除了致力推動與海外業界的交流活動，亦團結本地業界促進各方面營運發展及爭取福利。二零一一年五月一日起，本港開始實施最低工資，以保障基層工人的收入，因營舍服務按賓館牌照條例需二十四小時留有職員照顧營友，當年不同的營舍對晚上留宿待命的職員補償方式參差，部份向員工發放留宿津貼、部份以若干小時待命時間作一小時工時計算，有些營地甚至沒有任何補償，只是以義務性質留宿。

　　最低工資條例的出現讓留宿待命時間是否屬工時產生爭議，資助機構均認為以最低工資作津貼補償員工留宿時間為最合適的造法，故向政府反映增加資助的需要。唯負責撥款給受資助營舍的康文署表示，把「最低工資」加入已確立的資助範圍是很困難，機構適宜自行解決，營總認為事件影響深遠，決議主動約見康文署反映機構的難處，隨後受資助機構決定請黎培榮主席聯同幾位營舍代表與康文署商討，經多番討論及交流可行的方案，最後大家同意康文署以「特別津貼」形式資助相關支出，按營地宿位數量及全年運作晚數，以當時最低工資以二十八元計算總資助額，雖然最低工資年來已按生活指數調升，唯當年資助額計算方法仍維持至今。

　　二零二零年初，本港出現新冠肺炎，因停課及限聚令的關係，各營地都受影響相繼暫停服務，數月內並沒有接收營友，雖然營舍獲抗疫基金補助，仍為營運帶來沉重負擔。及至五月，疫情稍緩，營舍界在重新投入服務上又遇上不少難題，因此，營總於六月三日舉行了一次分享會，讓業界各同工共同分享所面對的困難，並集結大家的經驗和智慧，把資

訊及經驗有效地分享予各會員。及後,政府防疫措施漸為寬鬆,康文署場地逐漸開放,受民政署私人康樂用地租約管制的營舍亦獲通知可重開康樂設施。營總為讓香港市民得知團體會員的營舍已重新開放,首次於香港報刊登廣告,以「團體會員轄下的營地已重新接受各界使用」為題的半版廣告於六月二十六日在明報刊登。不少營舍在做足防疫措施的情況下,重新接待營友。可惜到了七月中,新冠肺炎再度爆發,營舍又再暫停服務,營總活動亦須更改模式,例如成立十八周年的會慶活動便轉移到網上進行。

⚘ 營總登報邀請市民再參與營會活動

🌿 **因疫情關係，會員於網上慶祝十八周年會慶**

　　香港營舍服務自一九零五年發展至今過百年，現已是廣受香港市民歡迎的活動之一，這一點可從香港近年每年有近二百多萬人次參加營舍活動的數字看到。面對龐大的營舍服務需求，不同機構的營舍逐漸走向多元服務，甚至以自負盈虧並滲入商業元素的方向發展。

　　近年各營舍不斷進行翻新及重建工程，有賴機構的進取、社會各界人士支持捐助、並多個公共基金的資助，讓其住宿及活動設施的水準不斷提升，活動內容更切合不同的需要而日趨新穎；同時，管理和宣傳推廣亦更見專業化，相信經歷了今次疫症的洗禮，香港營舍定會蛻變發展，讓大眾市民享用更好的服務。

# 第二章

## 營舍服務的對象和模式

# 營舍服務的對象和模式

　　一九四零年代，香港街童問題嚴重，因此，社會上一些有心人士期望藉著各種有組織和有意義的戶外活動，讓街童參與其中，幫助他們健康成長。早期營舍的服務對象主要是流連街上的失學貧童，他們來自全港各地，當中很多來自官塘、秀茂坪，雞寮、石硤尾的木屋區及最早期的徙置區。由於街上有很多流浪的小朋友、擦鞋童等，有些街坊福利會便組織這些小朋友入營，通常是由領隊帶領全男班或全女班的小朋友入營生活數天，教導小朋友一些技能和進行聯誼活動，讓他們有家的溫暖，還有專為女孩子而設的營舍活動。當時的營舍設備一般比較簡陋，地點亦多偏遠、交通不便，曾有一段時期梅窩銀鑛灣兒童營的營友，便要先坐水警輪入梅窩，才能到達營地。

　　早期的兒童營，俗稱健康營（feeding camp），健康營的成功指標之一，就是讓兒童增加體重，因此每個兒童入營和離營都要量度高度及磅重。兒童營的收費便

🌸 早期不少兒童參加健康營後，體重均會增長。

宜，每天約港幣一元至二元。入營後，兒童每日可享用三餐的膳食，早上有牛奶供應，午餐及晚餐一般有飯、湯及兩碟餸菜，後來再加至三個餸，再後來發展至四餸一湯。前「香

港明愛」長洲社區服務中心
主任李惠芳憶述當時入營的
兒童，每餐都會吃四至六碗
飯，絕大多數兒童離營時，
都有增磅。當時有很多來自
大陸新移民兒童，平日吃不
飽，一來到營舍便放懷大

獅子會－青年會將軍澳青年營健康
營的早操

吃。她見過有一位小朋友一口氣吃了八碗飯，立刻漲至肚痛，
要送去長洲聖約翰醫院接受治療。

雖然當時兩日一夜的食宿只需付港幣二元，可說非常廉
宜，不過仍有些兒童的家庭未能負擔，需寫信申請減費。由
於社會福利署可以為這些申請人支付開支，部份營舍便減收
費用至每人每日五毛錢，甚或免卻費用。至一九七六年，獅
子會－青年會將軍澳青年營仍然有舉辦健康營，經社會福利
署津貼，參加者費用全免。

據資深營舍服務工作者甘水容憶述，五十年代香港遊樂
場協會及中青的營舍均以服務街童為主，街童主要來自石硤
尾及九龍仔一帶。當時每期有過百兒童入營，營期一星期。
兒童去到營舍，會先在籃球場排隊，用水喉沖涼；主要活動
是吃飯、清潔及剪頭髮等。前中青協調幹事（康樂及體育主
任）何松燊亦提到，一九五七年該會將軍澳營成立時，營舍
服務都是由社會福利署資助，所有服務都是免費。營舍一年
舉辦三十期健康營，主要做街童的工作，對象來自天台小學
或兒童院，一般星期一入營，星期六離營。

　　早期營舍住宿的地方大多只有一間大房，三層碌架床是很是普遍的，入住團體通常不能多於五十個男孩及五十個女孩。大房中間只用一張布幔將男女分隔，由於工作人員十分有限，如無女導師，男導師會睡在大房中間以將男女分隔。

　　其實早期的營舍除了服務街童，亦有為學校提供教育營。戶外教育營計劃始於一九六三年。五十年代末期，一般人生活窮困，很多小學設於徙置區天台，欠缺兒童活動的地方，當年小童群益會在銀礦灣戶外康樂營為街童舉辦各項閱讀及康樂活動，隨著活動的成功，小童群益會向社會福利署及當時的教育司署提議，在學期中為小學生舉辦類似的宿營計劃，提議獲得社會福利署全面支持，自此營舍活動的目的除了對貧童提供物質資助外，亦嘗試進行「防預性」工作，期望能培育兒童有良好的品格。整個計劃由教育司署撥款資助，最初只是為小學生而設，為期五日四夜，後來才推展至

🎤 集隊與升旗是教育營不可缺少的一環

49

中學生及特殊學校學生，於一九八四年起，增加三日兩夜營。

七十年代的戶外教育營一般是五日四夜，參加學生通常是星期一下午到達營地，至星期五下午離營。學生通常在入營後便分組住宿並參加營前說明會，晚上便進行交誼晚會。星期二、三、四、五的早上均由學校老師在課室上課或進行實用學習；下午由營舍職員安排分組活動；晚上則進行全營活動。

根據早期營舍服務工作者所述，當時營舍的生活是早上吃罷早餐後便上課，下午隨營地導師到附近沙灘游泳或出外遠足探奇搜秘，例如在長洲的營舍，前往張保仔洞探險可說是必備項目，此外，亦有到街市買餸的環節，多年來均受老師及學生歡迎。此外，刺激好玩的集體遊戲包括拔河、舞獅及騎士競賽以及必備的乒乓球、羽毛球、籃球、足球及康樂棋等活動，皆為學生帶來無限歡樂。到了晚上，節目有看電影、天才表演、營火燒烤晚會等，聽著導師說故事，跟著導師跳土風舞、精彩的晚會活動往往成為教育營的高潮所在。

伍建新一九七四年開始服務於中青，他強調學生參加營舍活動時，有異於在學校學習的角色。戶外教育營除上課和康樂聯誼活動外，會利用營舍生活的特色去培養學生的責任感和發掘個人能力。例如在中青烏溪沙青年新村，學生進行分組時，男女會分批由矮至高排列，每組十人，各選定一個男隊長，一個女隊長。不論學生在校內行為表現是優是劣，都有平等機會擔任隊長。營舍主任需負責對學生講解營規及主持升旗禮，並要教導學生如何非常齊整地摺疊被舖，引領

學生討論入營的目的等。另一位資深營舍服務同工甘水容提到當時營舍建立了教育營步操及升旗禮的傳統，讓學生學習紀律。最嚴格時，開飯洗碗都要步操進入工作崗位，目的是讓學生留下難忘經歷。當時營舍亦有找專人興建「馬騮架」，「獨木橋」等突破難關的訓練場地，亦有進行「爬電網」等歷奇活動，訓練學生面對挑戰的能力。

　　據曾於香港明愛工作數十年的營舍同工盧錦安指出，最初香港明愛在長洲的明暉營，廚房加清潔工約有五個人，維修一人，職員及帶領活動的導師約有四至五人，還有一些義工協助。但對於每學年三十期以上，五日四夜的教育營都可謂應接不暇，倒是暑假反而沒人問津，直到七十年代初，政府推行暑期活動後，暑假的宿營人數才漸漸增多。

　　事實上，當時很多營舍的服務模式是：星期一至五是教育營，主要接待學校。星期六、日是周末營或度假營，接待其他社團組織入住營舍。教會也會在周末帶同需要關注培育的兒童入營。很多營舍十月、十一月開始到翌年七月舉辦教育營，暑假則舉辦暑期活動。當營舍沒有租出時，便會變身成為一個青少年活動中心，舉辦游泳班、足球班等活動。因當年社會上提供的文娛康樂活動極之缺乏，所以暑期活動如獨木舟訓練或風帆訓練班等均很受歡迎，經常爆滿。此後，營舍漸重視青少年康樂活動服務的發展，營期長短不同的「青年領袖訓練營」、「學生戶外訓練營」及「青少年周末渡假營」以至日營等相繼出現，在暑假，更有獨木舟、風帆訓練營，以及遠足野營等。除此之外，當時亦有所謂「工作

營」，參加者會幫忙搭建營舍，建造圍欄和行人路等以協助營舍改善周遭設施。

七十年代中，營舍服務模式再出現變化，服務對象不再局限於學生，而是公開接受各界人士以及個人或團體名義預訂租用，營舍開始有家庭營的出現，即是營舍內有廳有房並設有浴室廁所，可供家庭入營居住。曾有營舍希望透過家庭營服務，倡導睦鄰精神，推出訂營者與鄰居一同報名，可獲優先取錄的措施。另外，逢周末都會有一些教會、大學、非政府機構或私人團體租用營舍，營內活動亦趨多元化。

七八十年代，香港工業起飛，宿營活動成為不少在職青年的餘暇活動，當年烏溪沙青年新村經常於周末舉行公開周末營，吸引不少在工廠工作的青年男女參加，參加者可於碼頭購票。個人或團體均可參與，入營後按團體及男女分房，下午四時半參觀營地，晚飯時會編排互不認識的營友同枱用膳或進行營火燒烤。飯後會宣佈當晚晚會內容，一般都是交誼晚會，當中有有獎遊戲如 BINGO 等，所有營友均可參與。由於晚會節目精彩、獎品豐富，營友通常都會參與晚會，每

土風舞是交誼晚會中必備活動

晨早空氣清新開朗，齊來做早操

次動輒有三，四百人共歡。到了第二天早上，工作人員會派發活動票，營友可自由選擇游泳或射箭等活動，午飯後便離開。當年很多從事工業的青年喜歡參加這類活動，及至香港工業衰退，此類活動才開始式微。有趣的是這些活動無意中造就了很多對情侶和夫婦。

🌳 兩代神射手

到了八十年代，愈來愈多學校參與戶外教育營計劃，當中小學畢業營更是很多青年學生的集體回憶，「無咗畢業營他們會極度失落」此說法並不誇大。很多營舍亦有舉辦游泳營、夏令少年營，領袖訓練營等，其中游泳營一般招募六歲至十歲小朋友來參加宿營活動，通常是星期一到營舍，星期五離開，每日安排兩次游泳。

八、九十年代開始，營舍服務的對象不再局限於兒童及青少年，而是擴大至各年齡層，包括長者、殘疾人士等，活

動形式遂趨多樣化，營會類型可謂百花齊放。「天文營」、「野外求生訓練營」、「創意旅遊訓練營」、「風紀訓練營」、「退修營」、「家庭營」、「康體營」及「傷健營」（此類營多在傷健協會的薄扶林中心舉行）等應有盡有。隨著歷奇訓練的興起，時至今日，大部份營舍均提供歷奇訓練服務，透過一系列解難遊戲、

🌿 **歷奇挑戰是營舍主打活動之一**

遠足等活動，讓營友挑戰自我，並建立團隊精神。而隨著環境保育的意識抬頭，一些鄰近紅樹林或其他具生態價值景點的營舍，均推展生態導賞活動，讓營友認識大自然同時學習環保知識。

🌿 **歷奇挑戰活動**

除提供各式各樣有益身心的健康及教育活動予大眾市民外，各營舍更經常成為協助舉行全港性大型活動的場地，例如保良局兩營曾協助公益金新界區長跑、樂施毅行者、樂善行、Action Asia 挑戰賽、國際 303 區獅子會、無國界醫生及飢饉三十等慈善籌款活動。另外，營舍亦經常成為電影、電視、廣告及政府宣傳短片的拍攝場地，例如麥村、烏溪沙青年新村、北潭涌度假營等營地便成為不少電影、電視取景作早晨節目直播、香港小姐選舉集訓、醫院、療養院、學生宿舍及教堂，甚至靈堂等場地。多樣性功能可見一斑！

2000 年「亞洲越野賽」(Action Asia) 自我挑戰賽籌款活動以保良局北潭涌度假營為整個賽程的終點站

1999 年「毅行者」在北潭涌度假營內設登記處及開步禮

2006 年學界姐參加「美體友營」活動於營地中央花園大合照（後排為當屆冠軍陳茵媺小姐、季軍呂慧儀小姐、徐淑敏小姐）

營地協助不少全港性慈善及大型活動進行，亦成為電視電影取景的場地

營舍服務亦與社會的重大事件息息相關，於二零零三年，香港爆發高度傳染病非典型肺炎（SARS）。為了防止該病在社區廣泛傳播，二零零三年三月下旬，民政事務總署署長召集各營舍機構代表進行緊急會議，商討徵用部份營舍作隔離營之可行性，包括考慮營舍在交通運輸、獨立房舍設計、膳食供應、保安、排污系統、管理和方便政府社署及醫管局支援等，結果青年會烏溪沙青年新村、保良局大棠度假村及北潭涌度假營均被選中作不同程度的隔離營，成為醫護人員及老人院舍長者及工作人員之隔離中心。

而政府多個營地也改設為隔離營，供懷疑有可能感染了SARS的患者暫時居住，該等營地包括麥村、鯉魚門公園度假村、西貢營和曹公潭戶外康樂中心。

在營舍成為隔離營期間，管理交由民眾安全服務隊負責，營地職員則協助營舍日常的工作，並為住宿者提供膳食及電視、桌球、閱讀等獨立靜態康樂活動。雖然當時大家都害怕接觸有可能感染了SARS的住宿者，但本著專業精神，營舍職員均照常上班，穿著保護衣為住宿者提供適切的服務，其服務精神值得敬佩。其後政府部份營地在豬流感、禽流感及中東呼吸道綜合病傳播期間也被改設為隔離營。

每逢有疫症發生，市民都喜歡跑到郊外呼吸新鮮空氣，近年郊遊成為了大眾市民喜愛的活動，營舍更是把握機會，為市民提供「以客為尊」的服務，例如保良局營舍於SARS後便開創了下午營及黃昏營供市民選擇；又將會所式活動開放時間於週末及長假期延長至零晨三時，以配合度假人士的

需要，打破傳統晚上十一時熄燈睡覺的營規限制。為方便即興入營的用營人士，更推出「Walk-in 租營」，免除預先申請的既有程序。近年，不少營舍除了宿營服務外，更紛紛推出於營內露營的服務，讓露營初哥或家庭可以在安全的環境下一嚐露營的滋味。

到了二零一九年尾，本港爆發新冠肺炎，至二零二零年農曆新年後，多個營地因疫情關係暫停服務，不少同工在家中工作，而四個政府營地及保良局北潭涌度假營皆成為暫住設施或檢疫中心，供回港香港居民暫住隔離及與確診者有緊密接觸人士居住。後疫情於五月中開始緩和，營舍逐步開放供市民使用。至七月中疫情再次爆發，營舍於暑期旺季之下暫停服務，已預訂的營期均須作退款或改期的安排，營舍面對前所未有的營運困難。政府為持賓館牌照的營舍提供八萬元資助，而建於政府康樂用地上的營舍亦獲資助十萬元，另營舍亦可為非政府資助員工申請保就業計劃，幫補員工薪金的支出，唯對於長期沒有收入的營舍來說，未能抒困，當中宣道園宣布於二零二零年八月一日起暫停營務運作，並遣散十九名員工，不少市民及業界均感到可惜。

在疫情再次爆發的情況下，多間老人院出現感染群體，衛生署因而徵用香港傷建協會賽馬會傷健營及伸手助人協會樟木頭老人度假中心作為安置受影響安老院長者的地方。而政府營地鯉魚門渡假村則改為社區隔離設施，供接近完全康復人士入住，以舒緩公營醫院病牀緊張的情況。

第三章

營舍設施

# 營舍設施

早期營舍設施一般都很簡陋，沒有宿舍，只有一些基本室內活動場地及洗手間，主要利用營舍附近環境進行活動，並以露營為主。以香港遊樂場協會東涌戶外康樂營為例，初期只有一間鐵皮搭建的營屋，屋內僅有二十四張尼龍床而已。事實上，當時的營舍只要能提供籃球場或基本康樂設施，已能滿足營友的需要。但時至今日，社會不斷進步，大眾市民的要求亦不斷提高，營舍設施亦要與時並進。

六、七十年代的營舍並無空調設備，營友尚能欣然接受於無冷氣的營舍宿營，到八、九十年代，營舍提升服務水準，紛紛加設冷氣設施，到了今天相信營舍冷氣已是不可或缺的了。又如早年營舍一般只提供公共浴廁，營友須走出宿舍才能如廁淋浴，但隨著營舍不斷進行重建及裝修，宿舍的設計趨向將浴廁置於宿舍內，令營友更為方便，現仍提供公用浴廁的營舍漸漸減少。

過去營舍多使用鐵製碌架床，一個團體房睡十來二十人，近年的睡床設計已更實用及美觀，同時亦漸多營地設有二人或四人房客房，環境媲美酒店。

59

又如早年的廚房是用柴生火，及後改用油渣，到現在一般營舍都已改用煤氣或石油氣，甚至以電為燃料。曾於伸手助人協會樟木頭老人度假中心工作的孔繁偉指出現時無論採購以至廚房運作，很多營舍都是採用酒店式的管理。膳食亦比從前大為改善，部份營舍聘有餐飲部專才，除可保證衛生水平和營養質素外，更可以在膳食上提供多樣及高質素的選擇。

🌳 新落成的營地十分重視餐廳設計。

🌳 過去的營地圍餐一般都是四餸一湯白飯任「裝」，近年的膳食已趨多元化。

🌳 早年的廚房雖然設施比較簡陋，但憑著廚師的用心烹調，亦能為營友帶來美味的一餐。

營舍照明方面也三級大躍進，早年露營用的火水氣燈到電池燈，宿舍用的烏絲燈膽及光管進步到用慳電燈膽，至今廣泛利用 LED 作照明或裝飾。目前，很多機構均樂意響應政府環保政策，以環保營舍為目標，教育及鼓勵市民使用環保設施，轉廢為能，除提倡廢物分類外，設備如太陽能園景燈飾、太陽能熱水爐、太陽能風扇及光管、太陽能街燈、

太陽能戶外照明類環保設施，在不少營地都可以看到。

風力發電天氣紀錄儀、污水處理排放清水系統和雨水循環再用系統等再生能源等等。

節能是營舍使用照明設施一大考慮

在設施上，今天營舍的設施已包羅萬有，有先進的專業級天文望遠鏡，使用者能用這望遠鏡觀察比肉眼能見極限四千倍的天體；有直徑三百五十毫米的太陽望遠鏡，配合精密的光譜儀及觀察、紀錄系統，可供教育及研究用途；有挑戰難度的高空繩網陣及戶外高牆，培育團隊精神；有汽車露營營地、越野單車場、war game 等玩樂設施；又備有龍舟、無艙獨木舟、紮作浮筏及泳池大型嬉水設備等，提供不一樣的水上活動。一些會所設施如桌球、卡拉 OK、電子遊戲及麻將等亦於部份營舍出現。

營舍的高空繩網設備能滿足營友挑戰自我的目的

營舍內先進的天文觀察設備配搭舒適的活動室，是天文課的最佳教室。

🎙 VR 電競遊戲可在營舍找到

　　事實上，今天的營舍不可能再原地踏步，必須追上社會大眾的期望，現在營友的要求未必單考慮「平、靚、正」，而是要求營舍有高質素的設施和服務，以及工作人員有良好的工作態度。進入電子時代，許多營舍，包括政府營舍，也利用電腦系統幫助解決日益增加的租營行政工作及安排膳食、住宿、場地及設施等項目繁多的登記及紀錄統計。二零零五年四月，保良局便是第一所接納網上訂營的機構。到了今天，很多營舍已提供網上查詢及訂營系統，能快捷地讓營友於網上預訂營期，及利用「面書」等社交平台作網上宣傳。

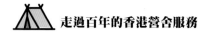

木製象棋
跟礦灣戶外康樂營所提供的康
樂用品，而當時營友就以地面

水杯及瓷碗
跟礦灣戶外康樂營需架初期協
會所提供的餐具碗皿。

瓦枕
跟礦灣戶外康樂營開架初期間
向營友提供瓦枕作為睡具。

牛奶壺
初期，營所的膳食與在火炒上置
使用前往設定除膠羹煮牛奶
作善準備。

🌱 香港遊樂場協會賽馬會銀礦灣營展出過去營舍使用的用品

第四章

# 營舍服務的人手 規模和培訓

# 營舍服務的人手規模和培訓

　　早期營舍服務的工作人員並沒有既定的入職條件要求，一般是中學程度便可申請，入職後才接受在職培訓。機構聘請員工的準則主要是著重個人擁有的各種技能多於學歷，如懂得唱歌、跳舞、勞作或有露營、戶外康樂活動等經驗的，會優先取錄。據曾於救世軍營舍工作多年的吳龍光憶述，六十年代幾乎每個職員都要帶領活動，不少同事會自費學習技能，學土風舞，然後回營舍教營友。他指出，當年機構沒有為營地同工提供任何培訓，一般都是跟著一些前輩邊做邊學，有點似是師徒制。除要帶領活動外，又要管理膳食和清潔工，初期連買餸都要學，可以說是「一腳踢」。雖然工作又多又忙，但可以學會很多管理上的事情。

　　八零年代初至二千年代初，社聯轄下之營舍服務協調委員引領著本港營舍服務的發展，無論在營舍的管理、員工的各種活動技能培訓、以至不同營舍同工的認識及交流，均起著重要的橋樑，例如：首張營地箭藝導師証書也是由社聯及香港射箭總會聯合簽發，沿用至今，仍然是現時各營舍認可合資格箭藝導師證書之一。

　　工資方面，六十年代一個清潔工的月薪為六十多元，營舍程序同事約二百多元，曾於香港明愛營舍服務的李惠芳表示自己於六十年代入職時月薪六百元，在當時是很不錯的工資。七十年代在銀行工作的月薪才三百元，而曾於香港遊樂

場協會營舍工作的李月嫦則表示自己在七二年入職時月薪為四百三十元，而且還包食包住。然而，當時營舍服務原則上一星期返工六天，分早午晚三節。由於工作通常超時，加上星期六、日及公眾假期差不多一定要上班，所以縱使薪津不錯，仍然不容易聘請職員，尤其是位於離島的營舍，交通不便，入職者更少。

　　早期營舍服務並未有人手比例的規定和制度，安全的要求及營舍服務條例亦相對寬鬆，因此兩位職員可以帶領百多人參與游泳活動。李月嫦提到早期整個銀礦灣營只有十四位職員（包括程序工作員、廚務、清潔、技工、花王等），卻不停的接待過百營友的團體。吳龍光補充表示以往不用擔心營舍的使用率，因不斷有營友使用營地，雖然營舍經常不夠人手，但在沒有超時補薪、過夜當值也沒有津貼的情況下，同工們仍樂意加班幫忙。他表示雖然當時嚴重超時工作，但都不會感到吃虧，可能當時大家都很年輕，工作得很開心，不會斤斤計較。

　　一九七五年，社會福利署在烏溪沙青年新村舉辦了一次營舍同工交流營，每個營舍都派代表出席。曾於中青營舍工作多年的伍建新憶述這次訓練營讓他認識不少其他營舍同業，其中一位在小塘營工作的同工令他最有印象，因為他是「one-man-camp」，既是營主任，又是營總務，亦集營護、廚師及運輸於一身。而該營只有一個約四百呎室內地方，既是辦公室、又是廚房及儲物室，營友則居於營幕，一有大雨，全營所有人便躲在這小小的屋內。這次交流營後，社會福利

署開始資助營舍同工到香港外展訓練學校進行五天的領導才能訓練。

　　早期營舍服務人手的資歷和培訓確實欠缺清晰和規範，亦談不上專業和管理。當時大學大專均未有正式康樂管理課程，一九八零年，康樂管理在浸會學院及樹仁學院（分別在一九九四及二零零七正名浸會大學及樹仁大學）中亦只是一科副修科。一九七九年以後，在較大的營舍職員編制中，大概有一位高級助理社會工作員，一位助理社會工作員及四位社會福利員。不過，甘水容認為早期營舍可給予員工很大發展空間，以浸會園為例，早期發展時有很多地方但都是雞屋、豬屋，需大事改裝才用得著，當年他入職後便有機會參與建設，將大房改為細房，建禮堂，單車徑、繩網、箭場，裝設冷氣等，讓整個營地改頭換面，很有滿足感。甘水容也表示，早期在營舍工作的員工均要有多項才能，例如清潔工要懂泥水，而他在女青營舍工作時，由於營舍設施較為簡陋，幸好家族有人從事建築業及飲食業，可將這些知識帶到營舍建設上，自己滿足感也大。

　　八十年代末營舍服務資助由社會福利署轉由文康廣播科負責後，為營舍訂定了獲資助的員工編制、改善了營地環境和設施以提升使用率。其實，早在七十年代末，前康體處總主任容德根以個人身份，與香港大學校外課程部主管 Terry Casey 洽商於同年舉辦為期一年的「康樂管理文憑課程」。當時香港中文大學馬臨校長提議將課程擴大至兩年訓練，最後，港大和中大協議後，由中大於一九八二年舉辦「康樂及

體育管理文憑」兩年制的日間兼讀專業課程，旨在培訓從事康樂服務及營舍服務的員工。

　　第一屆入讀的莫頌平表示當時全班只有三十人，主要是由教育署轉去康體處任職的前任教師，其餘包括來自香港童軍總會、香港地下鐵路公司、前市政局、前區域市政局及香港太空館，負責康樂工作的同工，唯於營舍工作的只有他一位。但此專業訓練課程已為香港的康樂及體育管理奠下了學術及專業地位的基石。此後，出任受政府資助營舍的二級助理康樂及體育主任或以上職位的員工，均須具備「康樂及體育管理文憑」或同等學歷的資格。營舍主任級同工的薪酬及地位亦因而得以提升。

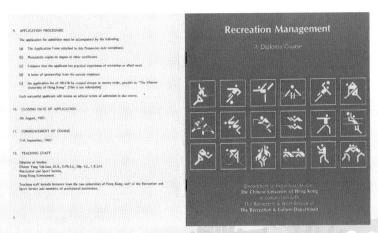

🌱 1982-84 康樂管理文憑課程小冊子

**走過百年的香港營舍服務**

　　九十年代開始，營舍服務出現新面貌，服務團隊不斷優化架構，並著重提升營舍員工的專業元素。部分營舍更會組織由資深社會工作員及體育專才等組成的活動管理團隊，帶領一班充滿熱誠及有經驗的員工，去發展不同活動或訓練項目。個別機構亦為配合營舍服務的長遠發展，特地開設營舍服務專隊，另聘員工負責管理和服務發展。

💡 隨着康樂設施不斷發展，康體的管理人才亦大有需求。

# 第五章

# 營舍經費及選址

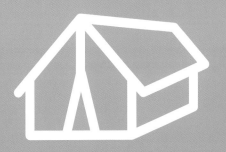

# 營舍經費及選址

　　經費來源方面，香港營舍跟外國營舍不同，除了四間政府經營的營舍外，香港營舍主要是由非政府機構或其他志願機構經營，大部分需賴政府資助，而外國營舍則是私營的居多。香港早期的營舍主要是獲政府撥地，再以象徵式費用繳交租金，營運經費則來自社會福利署的撥款和所屬主辦機構的資助。當時政府並沒有明確的標準和依據作為計算資助的基礎，只是按個別的需要而批出資助金額，亦只會按通脹作些微調整。例如當時一期五天，服務一百二十位小朋友的健康營，政府會資助三千元，戶外教育營的津貼一般是資助學生費用約百分之三十。

　　一九八八年營舍服務資助改由文康廣播科（即現今的康樂及文化事務署）負責，受一定的約束和規範，及後經過業界與政府商議後，政府開始根據香港營舍服務資助指引（Subvention Principles For Voluntary Agency Camps And Sea Activity Centres）資助非政府機構營運的營舍部份開支。如需要作一些非經常的開支項目例如大型營舍建設或維修工程，可以向獎基金或公共基金申請資助。當時並非所有志願機構營舍都接受政府資助，這些非政府資助的志願機構營舍，在運作上可享有較大彈性和自由度。至於伸手助人協會的營舍，則因服務對象（長者）及性質特殊，成立後一直獲社會福利署資助。

另一個重要經費來源是營舍本身所屬的主辦團體或母會，透過他們積極在本港及海外籌募經費、加上熱心人士的捐獻，大多數營舍才得以建成和延續。這些服務機構分別來自三大類別：

## （1）志願社福機構

包括香港遊樂場協會、香港基督教女青年會、保良局、救世軍、香港明愛、香港中華基督教青年會、香港青年獎勵計劃、香港小童群益會、香港東華三院、香港傷健協會、香港青年協會、香港青年旅舍協會等。

## （2）宗教組織

包括香港聖公會、香港基督教宣道會、香港浸信會聯會、香港循道衛理聯合教會、突破機構、鮑思高慈幼會、香港佛教聯合會等。

## （3）制服團體

包括香港童軍總會、香港女童軍總會、香港少年領袖團、香港航空青年團等等。

此外，私人／機構基金亦是主要的經費來源。一九六三年開始的教育營，參加者包括官立、津助及特殊教育學校的學生，主要資助就是來自何東爵士基金。白普理基金及華人永遠墳場管理委員會基金早期便贊助了很多營舍及設施的興建。八十年代至今，社福機構營舍的建設及大型維修工程，大多是向香港賽馬會慈善信託基金申請資助進行的。到戴麟

趾爵士康樂基金於一九七零年成立後，社福機構營舍便多了一個購買康樂用品或進行康樂工程建設的小型資助來源。其他服務經費來源包括公益金、彩虹基金、羅氏基金，教育局「校本課後學習及支援計劃——區本計劃」、及優質教育基金等，都是為社區上不同的社群提供參與營舍活動的機會。近年亦有私人團體籌建的營舍服務中心，香港少林武術文化中心便是由香港各界文化促進會資助籌建經費的。

不少營地的工程費用乃由馬會資助

在選址考慮上，早期營舍選址必須獲政府支持撥地外，地理環境也是重要的考慮因素。大多營舍選址於遠離城市，背山面海之地，甚至人口稀少的離島，以便作各類的水上活動，或享受親親大自然的體驗生活。也有很多營舍位於郊野公園範圍內，適宜舉行戶外露營活動及一般訓練之用。亦因此故，交通配套並未作首要考慮。

事實上，香港不少營舍的設立均有其歷史淵源。有部分營舍是來自殖民地時代的英軍軍營。香港青年獎勵計劃愛丁堡公爵訓練營的前身便是大埔林村的英軍訓練營，六十年代英軍將管理和運作權交予愛丁堡公爵獎勵計劃，並易名為史篤士訓練營。康樂及文化事務署的西貢戶外康樂中心前身也是英軍軍營，一九七三年英軍撤退，軍營關閉並交回政府管理。七四年十月港督麥理浩爵士和民政司黎敦義指定將軍營改建為康樂營，該營更於八五年改建為現代化的營舍。康文署的鯉魚門公園及度假村更是由超過百年歷史的鯉魚門軍營改建而成，八七年英軍駐營部隊全部撤走，軍營及其設施亦於同年交回政府重新規劃及發展為度假村。香港少年領袖團萬宜訓練營原本是駐港英軍使用的訓練營，一九九七年香港回歸前，政府交予香港少年領袖團作為總部及訓練營舍。香港女童軍總會的碧溪莊營舍，本屬英軍擁有的一些簡陋平房，一九七一年交給女童軍使用。

此外，中青烏溪沙青年新村前身是孤兒院，香港宣道會基督教宣道園前身是一所「信愛兒童院」，青協南丫青年營前身是林務工程站，康文署麥村前身是興建萬宜水庫的工程

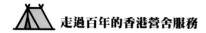 

師宿舍等；都是因為原本用途改變而改建為營舍的。

🌱 烏溪沙青年新村前身是孤兒院

# 第六章

## 各區營舍歷史及特色介紹

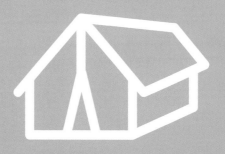

# 各區營舍歷史及特色介紹

以下本書以地域分類，介紹香港各個不同的營舍，希望藉此加深公眾對營舍的認識，讓公眾樂於使用不同營舍，並享受營舍提供的設施和活動，帶來難忘的回憶。

一切從離島開始……

## 第一座營舍的誕生地——山明水秀的——大嶼山

大嶼山，位於香港西南面，是香港最大的的島嶼，比香港島還要大百分之八十四。據《大嶼山誌》記載，大嶼山古稱大漁，原屬廣東新安縣。而大嶼山的英文名「Lantau」相信是粵語「爛頭」的音譯。因為大嶼山的最高峰名鳳凰山，主峰有兩個山頭，故名鳳凰，但亦有如崩頭，所以亦稱爛頭島。

大嶼山發展緩慢，一九五六年才開始有香港通往梅窩的航線，六十年代島上才開拓馬路通往各鄉村，至今仍保存漁村及鄉村的特色。大嶼山擁有熱門觀賞日出的香港第二高山峰鳳凰山，和看日落最浪漫的大東山，並有世界最高的戶外青銅坐佛像「天壇大佛」聳立在上的昂平山。此外大嶼山四面環海，擁有很多美麗的海灘，包括銀礦灣、貝澳和長沙，更有水鄉大澳。若說山明水秀，大嶼山當之無愧，所以不少

營地都以大嶼山為選址，並善用周邊的環境，發展出特色的營地活動。

　　隨著赤鱲角機場、迪士尼樂園及昂平纜車的落成，大嶼山逐步發展成為一個新興旅遊中心，大嶼山的營舍也作出相應配合，紛紛進行重建及改善工程，為訪客提供更舒適及現代化的設施，以配合不斷發展的大嶼山。

## 香港遊樂場協會賽馬會銀礦灣營

香港遊樂場協會賽馬會銀礦灣營（前身銀礦灣兒童營）是香港現存第一所營舍，由選址、動工興建至竣工，備受各界關注。時任港督葛量洪曾親到營地巡視，一九五二年並主持營舍揭幕儀式，並由當時的

早期的銀礦灣兒童營

青年團體委員會之「營地管理委員會」直接管理。營舍位於背山面海的小山丘上，面向銀礦灣，營友到沙灘游泳及到銀礦洞遊玩均很便利，但當時並沒有直達營舍的交通工具。

　　早期營舍佔地一萬平方呎，全由石屎鋼筋及工字鐵搭成，設備簡陋。直至一九五四年，兒童營營地管理委員會獲捐款擴建營舍，蓋成了可提供百名兒童住宿的宿舍及加建運動大堂的舞台等。當時營內還有由設計到建造，都是香港添馬艦海軍一手建做的繩網陣，這是得助於銀礦灣兒童營地管理委員會的秘書，她是海軍司令的夫人。後因兒童營地管理

委員會會務結束，兒童遊樂場協會（香港遊樂場協會前身）遂於一九六六年三月接管此營至今。

她是首個舉辦「戶外教育營」的營舍，自一九六三年舉辦至重建前，從未間斷。到了七十年代，營舍的設備才較為完善，多年來提供不同類型的康樂活動，包括球類活動、游泳、集體遊戲及營火晚會、並推動大自然教育等活動。二零一零年營舍獲香港賽馬會慈善信託基金撥款一億四千多萬進行重建，重建後宿位增加至一百八十個，具備先進的戶外培訓設施和新穎的環保教育配套。新營舍期望可配合政府將大嶼南打造成一個渡假休閒空間的構思，為市民提供一個理想的戶外活動和學習場所，並休憩和度假景點，令更多兒童及青少年受惠。

新營舍命名為「香港遊樂場協會賽馬會銀礦灣營」，於二零一八年底投入服務。

🌱 重建後的賽馬會銀礦灣營，積極推動不同的運動及歷奇活動

## 香港遊樂場協會東涌戶外康樂營

　　一九七三年香港遊樂場協會得到民政署同意撥地作營舍擴展用途，為青少年提供戶外康樂及訓練活動，最終香港遊樂場協會東涌戶外康樂營選址於東涌馬灣涌村，並於一九七七年四月廿三日舉行開幕典禮。當時營舍的住宿地方只是一間鐵皮屋，內設二十四張尼龍床而已；後於八十年代進行重建，一九九零年三月重新投入服務。營舍以兩間團體宿舍為主，每間可容納十六人，內有浴室及熱水設備。營舍不提供膳食服務，但營友可利用廚房自行煮食；另有禮堂、草地供活動之用。

　　營舍位處東澳古道起點路段，背山面海，遙對香港國際機場，有小溪依伴，環境清雅，是作考察、訓練、退修及度假之理想地點，亦是走訪大嶼山名勝及遠足旅遊之起點。香港遊樂場協會多年來成功利用營舍，為新高中課程的學生推

九十年代的東涌營

81

行集體天文生態活動及創意旅遊企業訓練計劃，寓學習於遊戲。天文營有觀星活動，令學生更易掌握天文知識；生態歷奇體驗營讓參加者認識地區生態文化和地理，並提供聯校創意旅遊企業訓練計劃，以提高學生對行業的認知和擴闊學習視野。

　　東涌營於二零一七年完成現代化工程後，於五月正式運作，並聯同賽馬會「動歷離島」創意體育計劃於營地推廣新興運動。

🌱 裝修後的營舍主要推動新興運動

## 循道衛理聯合教會衛理園

　　循道衛理聯合教會衛理園位於大嶼山梅窩，乃一所非牟利及自負盈虧之營舍。最初是由美國的女傳教士發起籌款，經一群熱心的宣教士從美國捐獻，興建而成。這所以宣教為開辦目的的營舍，原本的計劃是興建一所可容納六十人的領袖訓練中心，但到正式動工時，更改成可容納一百二十人的規模，最後營舍於一九六七年建成。早期衛理園常被稱為「大嶼山銀礦灣訓練中心」，地方沒有現在這麼大，設施建築也較簡陋，今天的規模是後來慢慢擴建而成，至今成為了退修的好地方。

　　二零零九年十月衛理園展開重修工程，於二零一零年五月份竣工。並獲「環境及自然保育基金」及「環境保護運動委員會」資助，將舊籃球場綠化，改建為綠茵草坪，並於十架廣場及綠茵草坪共安裝十支太陽能路燈。二零二零年八月

　衛理園歷史悠久，環境舒適優美

衞理園展開「衞理園增值計劃」工程，增設及美化營內設施，工程於二零二一年一月完成。除禮堂及小禮堂，營內共設有五個可遠眺海景的活動室，兩個寧靜簡潔的個人祈禱室。戶外場地包括活水靈泉、默想小徑、靈修天地、十架廣場、兩個明陣花園及綠茵草坪。住宿房間的間隔可以迎合使用者不同組合和需要而變動，提供超過四十間舒適精緻的客房，八成以上房間設有獨立洗手間。

　　營舍由梅窩小輪碼頭沿銀礦灣海灘步行約二十分鐘便可抵達，是一個優質而格調高雅的營舍。

🌿 重修工程後的營舍更能提供優質服務予營友

## 香港基督教女青年會梁紹榮度假村

　　一九六二年，香港基督教女青年會獲政府撥出大嶼山礐石灣五萬二千餘平方呎地方興建營舍，又蒙社會福利署撥款四十三萬為建築費，及得女青世界協會的協助，轉來海外捐款十多萬，營舍得以興工動土，於一九六八年二月底竣工，八月二日正式舉行開幕禮。

　　營舍位於大嶼山礐石灣，附近有長沙及貝澳海灘，背靠大東山，當時營前還有一片大草地和水池，環境自然清幽。營舍為兩層的平房，可容一百二十人，上層及下層分別是男生及女生的營舍，室內設施有禮堂、康樂室及閱讀室，室外設施則有射箭場、營火場、籃球場及羽毛球場。一九七八年，女青年會再以短期租約形式向政府租用貝澳海邊地，設立一個水上活動中心，為營友提供獨木舟活動，及至一九八六年，

🖈 香港基督教女青年會青年營舊貌相

獲撥地五千餘平方米，興建五人足球場、雪屐場、露天劇場、健身徑及繩網，於一九八八年完成。又於一九九零年獲已故胡仙博士捐款十萬元於營舍興建一座人工攀石牆，讓營友可學習攀石活動，此項設施當時為全港營地活動之首創，深受營友歡迎。

回首青年營於六十年代興建時，正值香港水荒，一九六三年曾出現四天供水一次的情況，因此建築時有機會用上鹹水，導致使用三十多年後陸續出現嚴重的漏水情況，難以維修。同時為配合大嶼山發展，女青遂決定斥資五千萬元進行重建。蒙善長梁紹榮捐款，經過三年多的工程，至二零零九年一月正式開幕，命名為「香港基督教女青年會梁紹榮度假村」，提供具質素及更臻美善的服務。

🌳 青年營重建後改名為梁紹榮度假村

重建後的度假村禮堂、飯堂及活動室採用落地玻璃達到自然採光、加上綠化的天台及清水牆等融入大自然的設計特色，獲二零零七年度香港建築師學會之境內優異獎及二零零九年世界華人建築師協會設計獎。設施包括多用途球場、空中花園、戶外攀石牆、繩網等，二零

🌱 梁紹榮度假村提供教練帶領不同類型的活動

一一年於緩跑徑增設健身器材。

由青年營到度假村，女青營舍一直回應營友需要而舉辦適切的營地活動、九十年代起主要提供歷奇訓練；至二零一四年獲華人永遠墳場管理委員會捐助，將露天劇場改建成，因而推出了環保樂活系列的活動，近年並於「開心農莊」興建土窯，進一步推動戶外烹飪活動。

##  YHA 昂坪戴維斯青年旅舍

　　一九七三年 YHA 正式成立，為本港註冊非牟利機構，亦是國際青年旅舍聯會成員之一，與全球七十七個國家或地區結盟，為會員提供超過三千間青年旅舍及旅遊優惠。

　　YHA 昂坪戴維斯青年旅舍的歷史要從一九七八年五月說起，當時位於大嶼山昂坪的香港大學地理和地質學系職員及學生戶外教學中心，被青年旅舍協會改建成昂坪青年旅舍。一九八九年，昂坪青年旅舍重建為兩層高的旅舍，屬香港青年旅舍郊區旅舍之一。直至一九九七年，昂坪青年旅舍獲匯豐銀行慈善基金慷慨解囊再度重建，改名為匯豐銀行慈善基金戴維斯旅舍，並於二零一二年正式改名為 YHA 昂坪戴維斯青年旅舍。

　　旅舍位於大嶼山東面昂坪，環境清幽，是追尋中國歷史

🌿 YHA 昂坪戴維斯青年旅舍是公眾人士度假及鳳凰觀日的熱點

文化及登高愛好者的必然之選。由旅舍外的林蔭小徑信步至寶蓮寺、天壇大佛及心經簡林等名勝古蹟均不過十數分鐘，沿途風光明媚。

🌱 無需搭營的帳幕及圓帳營令住客輕鬆體驗露營樂

　　此外，旅舍亦鄰近昂坪棧道及彌勒山等多條熱門登山徑，更是前往鳳凰山觀賞日出的絕佳出發點，營友可於前一天下榻旅舍，晚上跟友人於旅舍的自助廚房享受下廚樂，再在第二天上山觀賞日出及大嶼山獨有的自然美景。旅舍近年積極推動露營活動，為新手而設的「帳幕及圓帳營」，讓營友無需一包二包，便可輕輕鬆鬆體驗野外露營的樂趣。

　　營內有宿位可容納最多五十二名營友（包括宿位及露營位）。露營位二十五個。入住或入營人士須持有有效的「國際青年旅舍聯會」或香港青年旅舍協會會員證，每位會員每次可攜同最多三名非會員一同入住或入營。

##  香港佛教聯合會陳馬美玉紀念康樂營

香港佛教聯合會陳馬美玉紀念康樂營前身是東涌佛教青年康樂營。佛聯會以私人協約方式獲批大嶼山東涌用地，用作開辦佛教青年康樂營，並於一九七九年峻工投入服務，希望提供一個娛樂休閒的地方予東涌市民。當時離島區缺乏相類似的社區設施，加上區內的居民日漸增加，在該地發展文娛康樂中心既可為居住在東涌的低技術和學歷人士提供更多就業機會；也可為區內居民提供活動及會議場所。

為配合社會需要，營舍於二零一一年進行翻新工程，改名為東涌活動中心。由本來有住宿服務的營地，改為以日營、黃昏營及露營為主的營地。中心於二零一四年四月一日，獲佛聯會顧問陳維信居士捐款，支持中心的新發展計劃，遂命名為香港佛教聯合會陳馬美玉紀念康樂營。中心設有禮堂、健身室、活動室、多用途活動室、康樂室、閱覽室等，室外場地包括籃球場、排球場、羽毛球場、緩跑徑、環保木平台等。

⚲ 營舍環境寧靜，廣受一眾退修人士歡迎

　　營舍雖然位處大嶼山郊野公園範圍，但交通方便，鄰近多個文化遺跡如東涌炮台和侯王宮等，徒步可到達紅樹林、奧運徑和沙螺灣等，沿途可細味東涌海岸的風光。營舍除提供歷奇活動、環保教育及體育訓練外，亦有特色的禪修體驗，包括一日禪修體驗營，親子禪修營及佛學禮儀及工藝坊，膳食上，亦能配合提供素食及素食燒烤餐，營舍亦可提供帳幕、地蓆、炊具套裝給露營者。

　　營舍優化工程仍在進行中，主要計劃增設營舍房間及康體設施，並加強不同的康體訓練活動，以提供更優質的服務。

## ▲▲ 香港少林武術文化中心

　　香港少林武術文化中心是由一班熱心人士發起的香港各界文化促進會（文促會）籌建。二零零四年八月，文促會獲特區政府撥地在原大澳公立學校及大澳理民府和魚統署舊址，興建香港少林武術文化中心（少林中心）；並獲香港賽馬會慈善信託基金資助建築費完成第一期工程，並於二零零六年七月完成所有工程試行營運，為公眾提供優良正規的武術文化課程和各項日營、宿營活動。營舍設施包括室內練武場及可容納百多人同時練習的室外練武場。

　　二零零七年九月六日少林中心正式開幕，弘揚少林武術，面向世界，並得到香港特別行政區高級官員及二十五名外國駐港總領事出席開幕典禮。其實香港與少林武術有其歷史淵源，史籍記載公元五世紀時，禪宗初祖菩提達摩東渡來華，他到廣州之先曾途經大嶼山一帶補給食水，其後轉往廣州、南京及嵩山等地。在達摩來華一千五百年後，香港少林

🌱 融入大澳，營舍既有鄉村風貌，亦加入少林莊嚴的環境設計

武術文化中心落成於大澳，可謂「千年因緣，若合一契」。

少林中心的戶外教育營以學習少林武術為主題，學生能體驗別具一格的刻苦生活，讓他們領會到學武術與學做人一樣，需要付出時間和汗水才能掌握固中的精髓。此外，自二零零二年以來，文促會多次與康樂及文化事務署合辦大型少林武術表演及全港十八區易筋經教練培訓班，又組織本港學生及家長赴嵩山少林寺交流學藝，舉辦國際訓練營、青少年強身健體訓練營等。

來到這裏亦能享用大嶼山聞名的素菜，這裏的「少林健康齋宴」由曾於觀音寺及靈忍寺擔任廚師十多年的大廚主理，滋味養生。

🖋 營舍活動以強身健體的武術鍛鍊最有特色

## ⛰ 香港紅十字會石壁營 ⛰

　　最後要提一所剛完成歷史任務的營舍——香港紅十字會石壁營。這營舍位於大嶼山石壁東灣，鄰近石壁水塘及石壁東灣海灘；遠離城市繁囂，盡享大自然美景。營舍自一九六八年開始啟用，有無數的青少年曾於營舍旁的石壁東灣海灘捉蝦、摸蜆或享受陽光、觀賞海景；或日落時看夕陽、夜空時欣賞星光；或從營舍旁鳳凰徑第九段起點，前往籮箕灣及水口；又或登山遠足，前往鳳凰山、寶蓮寺、大澳及梅窩等大嶼山名勝景點，飽覽沿途怡人風景。

　　時代變遷是不變的定律，多年來本港營舍面對各種挑戰、困難和衝擊，需不斷革新改善，努力籌募及發展，加強管理及競爭力等，以配合社會的需要。在檢視資源運用、協同效率和服務範疇等因素後，經歷四十八年陪伴青少年成長的石壁營於二零一六年七月一日光榮引退。

🌸 座落石壁，自成一角

　　今天雖然再沒有大嶼山石壁營，但她曾在香港離島上留下難忘的印記；為香港營舍的功能作出過貢獻，這都是不爭的事實！香港營舍發展史上香港紅十字會石壁營永遠佔有一位置。

🌱 營舍鄰近水口，適宜進行觀賞日落及生態考察

# 引人入勝的——長洲

　　長洲位於大嶼山及南丫島之間，面積約二點四六平方公里，距離香港島西南部大約十公里。長洲原本是兩個小島，但是受到島嶼形狀及季候風影響，海浪將海沙帶到兩島之端，形成「沙咀」。經過千萬年來日積月累的沉積，兩條沙咀不斷延長，最終連接起來，形成「連島沙洲」。島上人口約二萬，是離島區中人煙最稠密的島嶼，當中張保仔洞是著名名勝，加上太平清醮飄色巡遊，讓這小島一直是旅遊熱點。早於一九六四年，香港明愛已於長洲島的山上興建營舍，讓很多學生在這些度假營舍內體驗團體生活，並在大自然環境下參與各項戶外戶內活動。到了八十年代，救世軍白普理營和賽馬會長洲鮑思高青年中心先後進駐長洲，使營舍數目增至五個。

## 🏔 明愛力理得教育康樂村

由「明愛賽馬會明暉營」、「明愛愛暉營」及「明愛家暉苑」合組而成

明愛賽馬會明暉營前身是長洲明愛中心（Gaudete House）。這要追溯至一九六二年間，德籍兒童之友（Friend of Children in Germany）高比璞神父（Rev. Fr Paul Koppelberg）訪港，目睹本港缺乏度假地方給青少年，回國後即積極在國內聖詠團籌款，捐助香港明愛建立度假營。長洲明愛中心於一九六二年十月十六日舉行動土禮，特別的是動土禮是由兒童自己負責動土儀式。到了一九六四年十一月廿二日，由高神父正式揭幕。一九六五年白英奇主教、一九六九年社會福利署長魯佐之及一九七一年港督戴麟趾爵士曾分別探訪營地。一九七一年德國厄森教區亨士白主教亦特別蒞港主持營火場啟用禮。

早期營舍招待清貧兒童，供給膳宿，讓他們歡度假期。最早建成的是明愛賽馬會明暉營，後再發展愛暉營和家暉苑；三座營舍均位於空氣清新、環境優美的長洲島山頂。到了九十年代明暉營、愛暉營、家暉苑及明愛陳震夏郊野學園組成「明愛力理得教育康樂村」，以紀念香港明愛第二任總裁力理得神父。

香港賽馬會慈善信託基金繼一九九七年捐款二千七百二十萬港元資助有四十四年歷史的明暉營第一期重建工程後,基金再於二零零六年撥捐一千一百二十九萬港元,資助明暉營進行第二期重建及更新工程,改善營舍舊翼的設施。二零零九年二月四日由天主教會樞機陳日君主教祝聖啟用。設施包括游泳池、射箭場、獨木舟、繩網陣、籃球場、射槍、英式桌球、卡拉 OK、室內運動場、燒烤場、天文望遠鏡等。為推廣環保教育,營內裝置再生能源設備,設有多項環保設施,包括太陽能園景燈飾、太陽能熱水爐和雨水循環再用系統等,以節約能源消耗。

七十年代的明暉營

二零零九年明暉營重建及更新工程完成

🌳 營火會是昔日不可或缺的活動

🌳 愛暉營的寧靜環境深受使用者的愛戴

🌳 營地的游泳池為營地使用者提供了多樣性的活動選擇

🌳 天文觀星活動

🌳 排列有序的家暉苑

99

# 救世軍白普理營

🌳 設計獨特的營舍

📍 營地正門

七十年代後期，救世軍一所位於長洲的智障兒童院（即現址）需要搬遷至新界的新院舍繼續營運，於是救世軍將該殘舊建築物稍微裝修和增添部份設施，變身成為初期的「救世軍長洲青年營」，銳意發展青少年服務。一九八零年四月一日營舍正式投入服務，提供住宿、膳食和活動安排。當時宿位只有五十位，後獲「白普理慈善基金」和「香港賽馬會」資助重建，為營舍服務度身訂造設計，宿位擴展至七十二位，於一九八六年四月十一日開幕及命名為「救世軍白普理營」。營地的設施極為現代化，是香港首個圓形外型設計的營舍，也是第一所提供全室內空調服務的營舍。深受營地使用者的歡迎。

九十年代「救世軍白普理營」再獲「白普理慈善基金」資助重建第二期營舍，到一九九二年宿位由七十二增加至一零八位，並同時增加了部份營舍設施，如室內運動館、籃球

場和活動室等。一九九七年發展歷奇輔導為本訓練營，二零零六年增建了挑戰網陣設施，提供更高階的訓練元素。

營舍著重 Adventure Based Counseling，簡稱 ABC 的手法，以歷奇為本輔導，體驗團隊合作精神；並以 ARKA（A responsive key adventure）為訓練口號，意思是透過大家共同經歷過一些有內容、有重點、有反思的活動，從體驗中學習，把經驗加以整合，再轉化成為個人成長的原動力。此外，提供中草藥之旅，介紹香港常見的野生植物和藥性；又有海岸獵奇活動，提高營友對海岸生態和地理的興趣；及親子綠色生活營，教育下一代愛護環境。

## 賽馬會長洲鮑思高青年中心

鮑思高慈幼會中華會省於一九八七年成立了賽馬會長洲鮑思高青年中心，為青少年提供教育、全人發展、靈修及輔導等之服務，讓青年人在愉快、被愛及受尊重的環境中，正面地改變「自我概念」及健康愉快地成長。鮑思高

🌾 足球機是小朋友和成年人均喜歡的營內活動設施。

青年中心自一九九九年引入專業歷奇教育及輔導項目，為中小學、大專院校、宗教團體、非牟利團體及商業機構，提供不同類型的服務，包括：全人培訓、學生領袖訓練，歷奇為

本輔導、水上歷奇教育、戶外探索、宗教歷奇、個人靈修等。

營舍坐落於自然環境優美，空氣清新的長洲南部的小島上，四周皆山水環繞，交通只限水路前往，林木蔚然，是一所富有天然資源之訓練基地。營舍更擁有一隊可容納六十人的船隊，為營友提供獨特及富挑戰性的水上歷奇教育項目。此外，營舍在大嶼山貝澳設有近岸的訓練中心，善用大自然優美的海岸環境，透過活動讓參加者得到啟發。

營舍並擁有逾數萬平方呎的戶外活動場地，房舍共十多間，加上露營設施，可容納多至二百人或以上。二零零八年獲凱瑟克基金贊助，聘請長洲有需要的青年人，並因應他們之興趣及職志，因材施教，開辦水手及青年導師工作為本的課程，以師徒制訓練他們成為陸上或水上之活動助理或專業教練，服務其他青少年。其後慈幼會獲凱瑟克基金贊助，於二零一一年成立貝澳營舍，讓鮑思高青年中心的訓練服務範圍更廣闊。

🌿 八十年代初期營地的容貌

🌿 宗教營會

# 蛻變中的——馬灣

　　馬灣位於大嶼山及青衣之間，面積大約只有零點九六平方公里，原本為一個恬靜的漁村，馬灣舊村有超過二百年歷史，最繁盛的時期為六七十年代。昔日的馬灣對外交通完全依靠來往深井馬灣碼頭的街渡服務，當時島上居民主要以耕作、捕魚和曬蝦膏維生，通常每隔三至四天出島一次，隨著一九九七年青馬大橋建成，有發展商於這裏興建私人屋苑後，小島便繁華起來。同時這裏也是香港第一個具有環保概念的住宅區，區內限制車輛出入，獲准行駛的專利巴士也絕大部分是混能車，在馬灣範圍只使用電能。早在發展之前，救世軍馬灣青年營便已進駐這裏，至發展之後，發展商將部份舊村屋復修而成為營地，因此有聖公會太陽館 · 度假營的出現。

**走過百年的香港營舍服務**

##  救世軍馬灣青年營——新界馬灣島

　　救世軍馬灣青年營前身是救世軍機構的一所退修中心，因當時用量低，七十年代後期便改裝為青年營舍，於一九八零年四月一日正式投入服務，命名為「救世軍馬灣青年營」。一九八八年營舍宿額由四十八位減至四十位，以擴大營友使用空間，並有提供日營和黃昏營。

　　營舍舉辦有特色的活動包括親子綠色生活營，教育下一代愛護環境；中草藥之旅，介紹香港常見的野生植物和藥性；海岸獵奇活動，提高營友對海岸生態和地理的興趣。另有感受及欣賞奇妙美麗大自然的森林浴。

🌱 簡樸佈局，充滿古舊情懷的營舍

營舍著重 Adventure Based Counseling，簡稱 ABC 的手法，以**歷奇為本輔導，體驗團隊合作精神**。並以 ARKA（A responsive key adventure）為訓練口號，意思是透過大家共同經歷過一些有內容、有重點、有反思的活動，從體驗中學習，把經驗加以整合，再轉化成為個人成長的原動力。

🌱 優美而寧靜的環境給人留下美好印象

值得一提的是一九九零年營舍開始推展大嶼山陰澳木排之旅，是全港唯一推行此類生態兼歷奇性質活動的營地。可惜因興建新機場，木排搬遷，活動隨之停辦，陰澳木排之旅成為歷史。

🌱「同心竹」是團隊訓練受歡迎項目之一

## 香港聖公會太陽館 · 度假營

香港聖公會「太陽館·度假營」的誕生跟香港赤鱲角機場的選址有密切關係。昔日的馬灣原本為一個漁村,自九十年代初,配合赤鱲角機場的青馬大橋開始動工,政府有意將馬灣打造成一個休閒、娛樂及教育於一身的旅遊重點。「香港聖公會福利協會」在二零零八年獲「新鴻基地產有限公司」轄下的馬灣公園有限公司邀請為「太陽館·度假營」之營運機構,舉辦多元化之營舍服務。

營舍本為樓高三層的村屋,總面積有一千五百平方米,改建後於二零一二年七月正式投入服務。太陽館·度假營與馬灣公園和香港挪亞方舟互為配合,提倡珍惜地球資源及愛護大自然的訊息,推出多項環保工作坊;再配合馬灣之自然景致及豐富的生態資源,提供多元化的營舍服務。

🌿 以天文主題建造的營地,擁有一座直徑三百五十毫米的太陽望遠鏡

度假營為主打天文的新營地，通過舉辦不同形式的科學工作坊、培訓課程及營舍活動，讓營友認識及探索太陽和宇宙的奧秘，反思人類與大自然的微妙關係。營內地下及一樓的展覽廳介紹

🌿 營內設施極具現代化，兼擁有美麗的景觀

天文科學的展品，其核心裝備為直徑三百五十毫米的太陽望遠鏡，配合精密的光譜儀及觀察、紀錄系統，可供教育及研究用途，是亞洲區少數對外開放的民用太陽望遠鏡之一。

度假營也是觀賞全世界最長行車鐵路雙用懸索吊橋－「青馬大橋」的極佳地點之一，不但擁有複雜多變的大自然環境及豐富的生態資源，更有超過二百年歷史的馬灣舊村，而馬灣東灣仔北遺址更獲評為一九九七年中國十大重要考古新發現之一，其豐富的文化遺物及建築特色更能滿足不同旅客。

此外，馬灣舊村的居民亦對馬灣有濃厚的歸屬感，即使搬離了舊村，不時回來懷緬一番，向職員訴說昔日馬灣的種種人、情、事；亦有移居外地的馬灣舊村居民租住度假營，回到故鄉享受度假生活。

太陽館·度假營於二零二零年七月一日起改名「太陽村莊」，並由挪亞方舟度假酒店營運。

# 迷人的——南丫島

南丫島位於香港島的西南面,東西兩邊均為海峽,面積約十三點七四平方公里,僅次於大嶼山、香港島及赤鱲角,是全港第四大島嶼。這結合東方色彩及西方氣息的小島,給不少遊客悠閒的感覺,島上的洪聖爺灣是南丫島上有名的泳灘,這裡水清沙幼,很多遊客及島上的居民都愛到來游泳和享受日光浴。島上的營舍——青協南丫青年營就是位於洪聖爺灣山頂,需由南丫島碼頭步行上山,方圓一公里沒有人煙,營友可獨享山中之樂。

## 香港青年協會南丫青年營

香港青年協會南丫青年營是青協最早開辦的營舍之一,自一九六三年開始提供服務。營舍前身是林務工程站,位於南丫島中部山區一個名叫大棠的山谷之中,遠離繁囂,四周山野、環境簡

🌳 **南丫青年營是唯一在南丫島提供宿營服務的營舍**

樸,創造了與眾不同的獨特條件,適合進行野外求生和歷險訓練。

營舍佔地約五千平方公尺,可容納三十人的宿營或日

營。雖無膳食供應，但營內設有自助廚房，備有煮食用具和餐具供營友使用。營舍初期資源貧匱，曾獲駐港英軍捐贈一具發電機及安裝水電工程。縱然交通不便，營舍卻十分珍惜並愛護島上的草木山林與自然景緻，於上世紀九十年代，致力引領青年義工和營友，將草坡生境保育成為綠葉成蔭的樹林生境，使之成為既符合生態保育，又貫徹可持續發展理念的野外活動理想場地。

🌏 看誰戰術最高明能攻陷對方陣地

南丫青年營是唯一在南丫島提供宿營服務的營舍，長久以來，營舍一直善用天然地勢，設計多款活動，讓青少年走進大自然，挑戰自我、提升自信及抗逆力。

🌏 野外歷險訓練鍛練孩子抗逆能力

營舍多年前已舉辦蔬菜種植和原野烹飪活動，近年致力野外歷險訓練，有「強渡尼斯湖」、探洞、野外定向等，並推行以中國兵法為本的學習體驗遊戲「墨攻」，模擬古代戰爭攻略，以及「中華傳統弓術訓練」，寓歷史學習於康樂活動中；目的是增強個人分析力及邏輯思維，建立紀律精神。

# 充滿驚喜的——荃灣

荃灣位於香港新界西部，大帽山以南，面向藍巴勒海峽，與九龍半島相距約五公里，面積約六千零七十公頃。根據出土文物資料，早於宋朝或之前已有人聚居荃灣，但要到清朝早期客家人大舉遷入後才成形。荃灣古稱淺灣，據說因這地方海灣水淺而得名。一二七七年九月至十一月南宋皇帝宋端宗來到淺灣，當中一名曹姓大臣在橫過水潭時不慎滑倒溺斃，後人便將該潭命名為曹公潭以作紀念。康樂及文化事務署位於荃灣之戶外康樂中心就是取名曹公潭。

七十年代香港青年旅舍（Youth Hostel Association - YHA）選址大帽山興建施樂園，後二零一四年又有香港航空青年團訓練營建於荃錦公路下花山上。

## YHA 香港青年旅舍施樂園

一九七三年香港青年旅舍協會正式成立，為本港註冊非牟利機構，亦是國際青年旅舍聯會成員之一，與全球近九十個國家或地區結盟，為會員提供超過四千間青年旅舍及旅遊優惠。一九七五年香港青年旅舍開始營舍服務，位於荃灣大帽山的施樂園是第一間 YHA 營舍，屬青年旅舍郊區旅舍之一，也是香港地勢最高的青年旅舍。

施樂園地理位置優越，營友可在清晨時分經大帽山道緩

🌱 座落於大帽山的施樂園

登九百五十七米的主峰，觀賞日出、日落，更有機會觀賞雲海和結霜。觀賞日出後，更可步行至川龍村，一嘗當地的傳統廣東美點、山水茗茶。晚上再在旅舍燒烤，與三五知己談天說地，或躺在草地上夜觀迷人星空，為營友帶來不一樣的體驗。

　　施樂園營舍設有露營區和多人房床位，有至少一個大型共用空間，如自助廚房及飯堂，藉以提供交流平台，讓住客認識來自世界各地的新朋友，交流旅遊心得。一九八八年施樂園曾進行翻新，進一步提供安全簡便的住宿服務予熱愛旅遊但經濟能力有限的青少年，幫助他們完成旅遊計劃。

##  康樂及文化事務署曹公潭戶外康樂中心

　　康樂及文化事務署曹公潭戶外康樂中心位於大帽山山麓，佔地五點六四公頃。一九八二年開始分期興建，但因營舍中心大樓需建於斜坡上面，難度非常高，興建了十年才完工。一九九一年落成啟用，最先開放予市民使用的是樓高七層的中心大樓及泳池，及至一九九五年戶外設施亦全面開放。曹公潭戶外康樂中心環境優美，設施齊備，交通十分方便，離荃灣市中心僅十分鐘車程，是少有位於新市鎮內的營舍之一。

　　營舍房間位於中心大樓第六及第七層，每間房可容納十人，最多可供二百四十人入住。此外，康樂中心內設有箭藝場、籃球場、網球場、滾軸溜冰場、體育館、運動攀登場、

＊ 營地隔鄰「可觀自然教育中心暨天文館」觀星

🌿 用了多年時間興建的大樓

🌿 中心大樓入口

桌球室及游泳池等，為不同年齡和興趣的營友、團體、學校提供各樣的康樂及體育活動。

中心於二零二零年一月至二二年中旬，因配合政府對抗 2019 冠狀病毒病的措施，中心也被用作檢疫設施。

113

## 香港航空青年團下花山訓練營

　　香港航空青年團成立於一九七一年，是一個由民政事務局及公益金資助的青少年制服團體。下花山是「元荃古道」的荃灣起點，而「元荃古道」是昔日居民往來元朗及荃灣兩地的必經之路。這條通商要道，為當年十八鄉一帶居民帶來方便，使兩地的商業活動得以迅速發展。隨着城市的發展，古道因而荒廢，人跡罕至。「元荃古道」其後改為郊遊徑，下花山位處幽靜地段，被大自然環抱，遠眺大帽山，是「城市中的天然後花園」。二零零九年香港航空青年團成功向荃灣民政事務處申請使用空置多年的下花山營地（營地於一九六四年由香港童軍總會申請興建為訓練營地，直至一九七七年，因供水及供電問題，放棄營地交還政府），同

🎗 團員經常在操場上作步操訓練

🌿 訓練營正門的大石招牌是受歡迎 　🌿 住宿以營幕為主
　的景點之一

時獲得玄圓學院的捐款資助進行營地大型修復工程，二零一四年四月開始香港航空青年團下花山營舍服務，為年青人提供全方位的野外訓練。

　　營地不提供宿營，露營區最多可容納一百四十人。營地活動包括遠足訓練、野外定向、生態導賞等。活動以青年抗逆計劃為主題，曾舉辦不同的大型活動，包括野外定向比賽、三軍·青年聯合比賽、觀星訓練及香港航空青年團週年大露營。營地亦會為學校提供更深層的服務，如「成長的天空」，「多元智能挑戰營」等，讓學生能接受挑戰並獲得更豐富的體驗。

　　二零一五年七月，下花山營獲戶外雜誌「GO OUT」國際中文版推介為香港「有著十分齊全的配套及訓練課程，價錢十分公道」的營地。

# 動感的——沙田

　　沙田區包括大圍、火炭、禾輋、石門、小瀝源、圓洲角、九肚山、馬料水以至馬鞍山一帶，不少營舍於成立時，沙田尚是一個交通不便的郊野地區，營友須要攀山涉水才能到達，但時至今日，隨著新市鎮發展，不少位於沙田區的營舍已是位於鐵路沿線，置身於住宅區附近，旺中帶靜！

## 香港中華基督教青年會烏溪沙青年新村

　　香港中華基督教青年會烏溪沙青年新村前身是基督教兒童福利會的孤兒院，一九五一年秋季美國弗吉尼亞州的基督教兒童福利會海外區主任微勞士牧師（Rev. Verent John Russell Mills）伉儷來到香港，眼見成千上萬的難民湧進香港，其中有三百名兒童是來自中國廣州，便向政府購入烏溪沙一幅土地作為孤兒院，收養當時的孤兒及提供兒童福利。他的行為感動了其他有份參加競投的地產商，到了開投之日，竟然沒有一個地產商出席，使他得以每平方呎一毛錢的價錢，總數十二萬港元購得該幅可供興建六十多間平房的土地。微牧師用了五年時間，親自駕駛剷泥車，建築院校，孤兒院落成後定名為「基督教兒童新村」。

　　兒童新村收容了逾千位孤兒，內有自成系統的道路網、自給自足的水塘、醫院、中小學校、教職員宿舍、可容千多

🌳 **全港最大營地鳥瞰**

人的禮堂、標準大型足球場等康樂體育設施和實驗農場、金工、木工實習工場等，並有六十六間稱之為「家」的屋舍。每家住十三名兒童，由一名媬姆充當「媽媽」之職。這個創新的意念，是要使孤兒院更像一個家，讓兒童身心得到健全的發展。執掌印度的甘地夫人也曾來拜訪這個兒童之家。

　　到了一九七零年，兒童院服務宣告結束，兒童新村的土地移交予中青發展成為營舍。一九七一年正名為香港中華基督教青年會烏溪沙青年新村。

　　昔日烏溪沙未發展道路，來往營地需於馬料水乘搭街渡前往，甚為不便。同時由原本用作收容孤兒的地方改變成一個營舍，當中需要進行很多修建工程，好像把舊屋拆掉，興建新營舍；將兒童新村時代的舊鐵床全部淘汰，換上木材傢俱，加裝冷氣等。一九七四年烏溪沙青年新村的泳池落成後，是採用美國青年會編制之「游泳四課」，在營地舉辦兒童習泳營及教練訓練營，為香港培育眾多泳員及教練。並承香港

賽馬會撥贈馬匹發展騎術中心。

🌱 七十年代的大禮堂

一九八零年代，政府發展馬鞍山新市鎮，為配合新市鎮的發展，青年新村部分土地交還政府作物業發展，以換取修築道路直達營舍。再獲政府撥款百多萬元，更換全部營舍瓦面，興建有二十項體能訓練設備的健身徑。昔日兒童新村的舊禮堂，已成為今日高聳林立的私人住宅「雅典居」了。

營舍於一九八五年興建兒童遊樂場，一九八六年加建兒童泳池，並邀請首席助理文康廣播司容德根太平紳士為泳池主持啟用禮。在一九九一年至一九九七年進行重建工程，改善營舍及設備至今天的面貌。

二零一二年營舍開展「零碳計劃（Project Zero）」，建設減碳設施：如地熱式交換冷氣系統、太陽能熱水淋浴等，打造全港首個「零碳營區」，推廣環保訊息，讓市民可以在度假中實踐零碳生活。營舍將於不同地方增設太陽能板以提供再生能源予營內設施使用，同時亦加設城市農耕計劃，讓更多人可以近距離體驗大自然。

中青烏溪沙青年新村為全港宿營人數最多的營舍，面積逾十一公頃，可容納一千位營友入住，另可提供一千位日營營位。營舍地方寬敞，有一間可容八百人的大禮堂及可容二百五十人的禮拜堂；更有營舍界罕見的全天候六線跑道、

雪屐場和草地足球場等設施。

二零零三年「沙士」期間，營地曾撥出部分營舍，為九十二位對抗疫症的前線醫護人員提供臨時家園。而沙田馬場因協辦二零零八北京奧運馬術項目需要擴建，香港唯一訓練運動員的香港體育學院亦需於二零零七年初至二零一零年暫時遷移，烏溪沙青年新村便成為當時運動員的臨時基地。

此外，二零零七年，國家主席胡錦濤到烏溪沙青年新村探訪，當時往返綜合體育館之小徑後來被傳說為「胡錦濤小徑」，胡錦濤主席亦於當日在營地探訪香港運動員並與球員進行乒乓球切磋。

另一樣眾所皆知的是，烏溪沙青年新村是電視劇熱門取景地，經常出現於電視節目，一般用作拍攝醫院或孤兒院的場景。

🌱 親子同樂營會

##  香港女童軍總會博康營地

🌱 博康營地位於市區，為女童軍提供了一個十分方便的訓練地方

香港女童軍總會前身是香港女童軍協會，源自一九零八年英國軍人貝登堡（Robert Baden-Powell）成立男童軍後，一九一零年貝登堡妹妹愛麗絲女士成立「女童軍」。一九一六年香港已有第一隊女童軍在維多利亞英童學校成立。一九一九年貝登堡夫人愛麗芙女士積極推動女童軍運動，成立國際協會，聯繫世界各地的女童軍成員，香港女童軍協會亦於此年正式成立，並註冊為倫敦協會分會，目標是讓女孩子和青年婦女發揮她們的潛能，成為有責任感的世界公民。一九八一年世界女童軍協會正式接納香港為正式會員，正名為「香港女童軍總會」。一九八二年女童軍總會獲政府撥出博康村後山一地，建設女童軍的夢想營地，可以在郊野享受露營生活。

營地分為兩層，分別由男女童軍進行發展工程，並得到歷任沙田政務專員協助策劃（前特首曾蔭權先生為沙田政務專員時，也曾協助籌款作初期發展之用）。博康營地先後獲各慈善機構及善長等捐助，得以順利完成建設，一九八八年

五月二十一日正式啟用，由衛生福利司湛保庶太平紳士主持沙田博康營地開幕禮。營地可供一百人作日營或黃昏營活動之用，更適合不同年齡人仕進行露營、技能訓練、原野烹飪及消閒度假的活動。營內設備齊全，包括可容納六十人的露營草地、營火區和戶外烹飪區等。

## 香港童軍總會沙田童軍中心

　　早於一九二七年，童軍運動已開始在新界萌芽。香港童軍總會設有新界地域，包括離島、葵涌、屯門、荃灣、青衣、元朗等十一區，各區有其深厚的歷史及獨特的文化，百花齊放。而新界地域轄下有四個營地，香港童軍總會沙田童軍中心便是其中之一，為童軍成員提供理想的戶外活動及訓練場地。

　　沙田童軍中心地處沙田博康村後山的作壆坑，貼近香港女童軍總會博康營地，環境清優雅靜，是一個理想的露營地點，適合團體、學校、教會或工商機構舉辦領袖才訓練營及聯誼活動等。營舍提供日營或黃昏營，分別可容納五十人。並設有露營區，備有露營用具、炊具及食具可供借用。

🌱 沙田童軍中心成為新界區其中一個露營體驗及訓練的熱點

## 突破青年村

　　突破運動於一九七三年開展，一直致力服務香港青少年，並期望建立一個屬於青少年的空間，在大自然及羣體中彼此結連，培育及發揮創意，讓身體、智力、心靈都得到啟迪。於一九九二年，突破機構回應政府提倡的《青年約章》，並提交「突破青年村」建議書，這夢想終能實現。

　　經過三年籌備，突破青年村於一九九六年正式啟用。青年村以「塑造廿一世紀領袖」為使命，建構一個屬於青少年的織夢村莊，提供嶄新的青少年服務模式。其營舍服務及多元化活動皆強調青少年文化、教育、羣體及個人成長的重要，努力為青少年發展提供訓練環境、羣體生活、訊息交流和接待體驗的空間。

　　突破青年村的西北方有吐露港和城門河，東南邊則眾山環繞，前有小山徑可通往馬鞍山，後有憩靜的小溪澗，營內綠草如茵，正是「青草地、溪水旁」。

青年村幽雅的環境

🌱 培訓少年領袖的歷奇訓練　　🌱 可供崇拜及分享的禮堂

　　設施方面，營內有十間複式家庭營舍及三十多間青年營舍，共可供二百人住宿。此外，有十多間不同大小的多用途活動室，適合各類課程、研討會及工作坊等；另有一個可容納三百人的演藝廳，適合演藝文化活動、電影欣賞等；還有室內體育館、歷奇訓練設施、禮堂、春分茶室及餐廳。

　　自啟用至今，突破青年村舉辦不同類型的青少年活動及先導計劃，包括國際華人青年領袖訓練營、青少年暫居輔導計劃、青苗計劃、師徒創路學堂、山寨音樂會、山城節、綠色體驗之旅、歷奇輔導營、都市桃源計劃、休整營、方舟傷健共融活動等，平均每年服務八萬人次。

# 別具鄉郊風味的——大埔及北區

　　大埔位於新界東部，範圍包括大埔、東平洲、大埔滘、汀角、船灣、林村谷，白石角等。它的總面積約為一百四十八平方公里，是香港第二大行政區域。而北區位於新界北，是本港最北面的一個地方行政區，大致分為粉嶺、上水、打鼓嶺和沙頭角四個部份，另外還包括大鵬灣的吉澳、鴨洲等離島。早年大埔及北區別具鄉郊風味，不少營舍均選址於此區。

## 香港童軍總會洞梓童軍中心

　　香港童軍總會洞梓童軍中心位於大埔洞梓，東臨吐露港，群山環抱、環境清幽恬靜。營舍一九七五年三月九日正式啟用，當時名為「香港童軍訓練中心」，由香港童軍總會新界地域管理，及

🌱 營地活動大樓

後命名為「洞梓童軍中心」，是香港童軍總會新界地域轄下四個營地之一。

　　洞梓童軍中心是特定的制服團體營舍，同時管理位處附近的大美督海上活動中心，是一個可結合陸上及海上童軍活

動的度假營區。二零零二年洞梓童軍中心進行了大規模的翻新，完善宿營及露營等設施，適合團體、學校、教會或工商機構租用，舉辦訓練營、迎新營、戶外教育營、退修營、講座及聯誼等活動。

　　二零一零年營舍裝置了由香港童軍總會氣象組所管理的自動氣象站，並被香港天文台納入為「社區天氣資訊網絡」會員。二零一三年鄰近洞梓路的慈山寺落成，寺內建有一座戶外觀音青銅銅像，為全球第二高的同類型建築，營友可順道參觀。

🌿 別具特色的營火場

🌿 早期由軍營改造的活動室

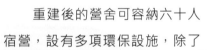 明愛賽馬會小塘營

　　香港明愛興建營舍是希望讓市民在這些度假營地內體驗團體生活，並在大自然環境下，透過參與營舍的各項戶外及戶內社交、康體、教育及消閒等活動，幫助他們在生理、心智及社交方面的發展。小塘營位於大埔荔枝莊，於一九六九年開始營運，其後透過賽馬會慈善信託基金重建小塘營，於二零零九年四月二十三日舉行開幕典禮，更名為明愛賽馬會小塘營。

🌱 重建後的營舍極具時代感

🌱 水上歷奇活動是營地的主題訓練項目之一

　　重建後的營舍可容納六十人宿營，設有多項環保設施，除了每間房間均設有環保露台外，營舍的設計更盡量利用自然光線，並配有全自動太陽能熱水系統。為了貫徹環境及生態保育，營地更為營友提供生態之旅，包括生草藥導覽、有機耕種、遊覽紅樹林區等活動。

　　另外，營舍建有一座觀星樓，內置一枝直徑達十六吋的折反射式望遠鏡，營友可透過望遠鏡進行觀星活動，並參加與香港天文學會合辦的天文講座。

# YHA 白普理賽馬會大美督青年旅舍

一九九三年位處大埔船灣淡水湖旁的 YHA 白普理賽馬會青年旅舍開始營舍服務，是香港青年旅舍兩間近郊旅舍之一。營舍在船灣淡水湖旁，只需數分鐘步程，就能在景色迷人的水塘主壩漫步、騎單車、放風箏。此外，營舍鄰近多條遠足路線及單車路線，可前往八仙嶺或新娘潭，甚至馬屎洲地質公園，欣賞香港最古老的沉積岩地貌。而大型的公眾燒烤場近在咫尺，營友可以一面享受燒烤樂，一面欣賞湖泊美景。

🌀 大美督青年旅舍受各享受大自然休閒愛好者的歡迎

二零零五年營舍曾進行翻新，進一步提供安全簡便的住宿服務予熱愛旅遊但經濟能力有限的青少年，幫助他們完成旅遊計劃、追尋人生目標。營舍除設有多人房床位外，另有雙人至八人房以供選擇。此外設有自助洗衣間、小賣部、自助廚房及飯堂等，藉以提供交流平台。入住或入營人士須持有有效的「國際青年旅舍聯會」或香港青年旅舍協會會員證，每位會員每次可攜同最多三名非會員一同入住或入營。

##  香港青年獎勵計劃賽馬會愛丁堡公爵訓練營

香港青年獎勵計劃（簡稱 AYP，前身為愛丁堡公爵獎勵計劃），是國際青年獎勵計劃成員之一。而位於大埔林村的訓練營自一九八三年開始投入服務，落成啟用至今已向超過五十五萬人次提供體驗式學習經歷及康樂活動。承蒙香港賽馬會慈善信託基金於二零一五年撥款超過二億三百萬港元作營地重建工程及活動發展之用，重建後的營地比之前大約 5 倍，提供完善及多元化的營地訓練及非正規教育體驗，讓青年人積極挑戰自我，完成獲取 AYP 金、銀、銅章的要求。

訓練營設有多項設施，非常適合青年人進行戶外歷奇活動及領導才能訓練。建於天台的歷奇公園為全港首個四人團隊繩網，參加者需要在專業導師的指導下挑戰自己，也考驗團隊的溝通技巧及合作精神。訓練營亦是全港首個營地設有 HADO 擴增實境（下稱 AR）閃避球正規場地，讓大眾能夠以

🌱 香港青年獎勵計劃賽馬會愛丁堡公爵訓練營

優惠價格參與新興運動。至於 AR 攀石場白天時為運動攀登場地，晚上可運用 AR 技術，將攀登活動變為更多元化的 AR 運動。而旁邊的全天候繩網設於有蓋地方，可於晚上進行歷奇探索。除了運動設施之外，營內設有二至四人的家庭客房和十八至二十六人的團體客房，適合一家大小、良朋好友或公司機構入住，體驗各式活動以及進行團隊訓練。

　　訓練營與時並進，融入科技及創新元素，採用可持續發展概念及設計，並取得「綠建環評」暫定（銀級）認證及中電「創新節能企業大獎」2020 - 智能技術卓越大獎。AYP 將可持續發展元素融入青年發展及營地管理，務求為社區帶來最大裨益，並期望在未來繼續培育青年人領袖，為服務社會作好準備。

歷奇公園的 4 人繩網訓練青年人的團隊合作精神

全港首個營地設有 HADO AR 閃避球正規場地

配合 AR 技術，攀石場在晚上可以提供更多元化的體驗

全天候繩網設於有蓋地方，可於晚上或不同天氣進行歷奇探索

## 宣道園

　　宣道園營地的誕生，背後有一個很奇妙的故事：創辦人貝約翰牧師 Rev. John Bechtel 和太太 Donna 在一九六六年以宣道會宣教士身份來到香港，那時有過半數香港難民的人口在十八歲以下；有見及此，牧師開始在香港租用不同的設施，為青少年舉行數天至一週的週末退修營會，反應出奇的好。後來，牧師覺得需要有一個「營地」給這些年青人，便積極向政府相關部門申請「官地」。政府的回應也很快，先答應給牧師一個一百五十三英畝的小島，但因沒有經費興建碼頭，只好作罷。後來政府提議青山灣泳灘附近的位置，但同樣因沒有能力支付高昂的建築費而放棄了。

🌱 廣傳福音是宣道園的一大使命

　　轉機來自牧師參觀將要結束的「信愛兒童院」後，他跟管理兒童院的機構提出，將這所兒童院交給宣道會西差會改為一個營舍。對方初步同意，但金額高達二十四萬元，對西差會來說籌募這經費並不容易。然而，奇蹟出現在一封來自一位美國小女孩的信：「親愛的貝先生，我名叫 Melinda Holmes，今年十四歲，這裡是我兩星期的雪糕錢，請用它去買營地。」信內附有一張一元美鈔。牧師覺得這封信令人感

🌱 宣道園於福音營內以生動活潑的方法傳揚福音

到非常傷痛，但他決定一試「用它去買營地。」便將那女孩的信交給兒童院的經理，請他將那封信交給在美國的董事會。結果一九七一年六月，基督教兒童基金會把兒童院以「一美元」賣給宣道會西差會，營舍成立後命名為「宣道會青年營」。因著牧師的信心及女孩的一元，營舍事工得以擴展，一九七五年易名為「宣道園」！直至二零零六年，營舍由西差會移交與基督教宣道會香港區聯會管理至今，成為宣道會對香港社會的另一項服務！

　　宣道園的服務方向是「以人為本，延展生命；福音為本，建立生命」，使命是「藉營地事工實踐耶穌基督的大使命，

與教會、學校及機構並肩合作,廣傳福音,裝備信徒,服務社群」。營舍活動主要是統籌學生福音營,讓學生們透過營舍活動,與導師一起生活、彼此認識、分享救恩故事,見證神愛。一九八九年九月美國太空人詹姆士歐溫博士(James Benson Irwin)曾到訪宣道園,與營友分享福音。營內並且設有流動戶外浸池,由鋁質組合架及膠質纖維板組成,可於足球場、露天劇場或大禮堂舉行浸禮。

一九八八年因男宿舍失火,營舍曾作全面翻新。又在二零零六年再分期進行裝修,營舍設施逐漸更新更齊備。活動內容亦愈趨多元化,除基本節目,包括有紅蕃、話劇、默劇、小丑、魔術;陸上飛輪、戰略遊戲等。膳食也多樣化,可選擇自助餐、圍村盆菜、精美小菜等。

因為新冠肺炎疫情的發展,對宣道團營地使用及財務構成沉重壓力,因此於二零二零年八月一日起,暫時停止營務運作。

# 東華三院馬草壟營地

東華三院馬草壟營地位於上水古洞，佔地超過五萬平方米，有獨特的歷史背景。馬草壟村其實在香港實施邊境宵禁前，與內地深圳河北岸的赤尾村不僅是一衣帶水，更屬同一村落。馬草壟村（舊村）

🌱 **綠茵大露營**

原名赤尾，一八九八年因英國租借新界而將村一分為二，其後港界村民以土名「馬草壟」為村名。近年隨著政府逐步釋放邊境禁區，關閉了半個世紀的邊境禁區馬草壟是香港第二批獲釋放的邊境村。而香港東華三院早於一九九六年獲政府批出馬草壟有關土地使用權至二零一二年，用作青年營地及康樂設施。之後政府改以短期租約形式繼續租出土地，由二零一二年七月一日起計，為期三年；其後每季續約，並象徵式每年收取一元租金。

營地鄰近全港最大及極具生態保育價值的淡水濕地，這濕地是冬季候鳥的大型加油站及冬季度假區，營地因此有不同類型的自然生物如雀鳥、昆蟲及植物等，可供青少年直接了解大自然的生態環境。另上世紀五、六十年代，香港政府實施邊境宵禁的保安措施，令中港兩地村民的交往因邊境封閉而有阻礙，不料卻完整地保留著鄉村生態環境和傳統生活

方式，所以這裏附近亦有別具特色的鄉村及歷史悠久的文化古蹟。

　　馬草壟營地不提供室內宿營，但提供一個環境安全及遠離繁喧市區的戶外訓練營地，並提供輕裝露營新體驗。營地有營具出租，還有地蓆、營燈等供借取。透過不同的戶外體驗或訓練活動，利用自然環境及各項營地訓練設施，增強營友的抗逆能力、自信心及溝通能力，及建立良好的人際關係。

　　此外，馬草壟營地是東華三院首個的汽車露營營地，市民可自攜露營用品駕車入營。不單如此，營舍擁有全港最大型超過一萬平方米的多用途草地，一片靚靚的大草地已是大賣點，又歡迎愛狗人士帶同寵物露營。營地內並可以安排一連串的戶外玩樂體驗，包括越野單車場、war game 及高空繩網等玩樂設備。營舍另有三十米乘二十米的戶外迷宮陣、一個可進行各類型活動的多用途大帳篷，不受天氣影響。又有一個多用途活動棚，內有自來水及電力供應。營地採用沖水式的流動洗手間，其中一個更是無障礙設計。

馬草壟營地提供嶄新式汽車露營、露營、以及各種體驗活動

## 香港浸信會聯會浸會園

香港浸信會聯會成立於一九三八年，因當時香港正處於艱困的歲月和轉變的時刻，為著聯絡眾信徒感情，加強廣傳福音工作，及支援國內在戰爭苦難中的會友，各浸信會便聯合成立一個聯會，在居住、醫療、教育和福利各方面幫助社會大眾。浸信會聯會亦經常舉辦教牧執事退修會、同工座談會、同工祈禱會、成年及青少年夏令會等等，目的在於培育信徒的靈性，尤其是於一九六三年九月購入新界粉嶺坪

🌿 靜思一角

🌿 「高空挑戰」考驗營友的合作和自信

崋農地，開辦浸會園，於一九六五年開始啟用，使教會眾信徒有退修、康樂的場地，靈性得以牧養。

浸會園佔地五十餘萬平方呎，可容納三百六十八名名營友入住。園內樹木參天，風景優雅，空氣清新，環境寧靜。浸會園致力發展福音及訓練事工，讓人發掘生命中的豐盛，並與教會、學校及社會服務機構合作和建立伙伴關係，提供多元化活動服務，促進參加者的個人成長、領導才能發展、團隊精神及靈性發展。營舍活動設施包括足球場、籃球場、游泳池、繩網陣、射箭場、單車場、小型哥爾夫球場、兒童遊樂場、燒烤場等。

## ⚠⚠ 香港女童軍總會——賽馬會碧溪莊

🌿 **活動大樓**

營地早於一九七六年啟用。當時營舍設備簡陋，只可供二十四人住宿，活動室也是由軍用水箱改建而成。為提供更完善的空間和設施，進行重建，營舍獲賽馬會慈善信託基金撥款資助，一九九九年舉行開幕禮，命名為「香港女童軍總會——賽馬會碧溪莊」，由會長董趙洪娉女士主持開幕儀式。

今天的碧溪莊是多用途的營舍，地點位於遠離市區的上水，佔地二千八百五十平方米。營舍設計獨特，著意保留其農村特色及鄰近景觀。建築物採用傾斜的中式屋簷，及獨立式的樓房，表現一種古樸的味道。在主營區內，三座兩層建築的營舍、活動室及餐廳分別圍繞花園排列。與主要營區相對的家庭營舍亦是兩層建築。特色之處是不同層次的建築群和滿佈樹木的景觀。

🌿 **具有古樸風味的住宿區**

# 蛻變中的——元朗

元朗是香港十八區中元朗區的主要部分，大致位於山貝河沿岸的已建區，北至新田和米埔，西接洪水橋和屏山，西北接天水圍，東至錦田和八鄉，南面有十八鄉和大棠。元朗區共有三個營舍，包括有香港女童軍總會賽馬會元朗康樂中心、保良局賽馬會大棠渡假村及香港童軍總會蔡志明聯光童軍中心。

## 香港女童軍總會賽馬會元朗康樂中心

一九七二年香港女童軍總會賽馬會元朗康樂中心已開始營舍服務，一九八三年營舍曾經重建，到了二零一四年，獲賽馬會慈善信託基金贊助，進行一系列的翻新工程，包括重髹中心內外

🍳 供營友自行煮食的廚房

牆壁，更新廚房和廁所設施及更換燈光照明系統，以提供更完善及優質的服務。二零一五年六月十七日中心舉行開幕典禮，更名為「香港女童軍總會賽馬會元朗康樂中心」。

營舍設備齊全，環境清幽，雅緻舒適。日營或黃昏營分別可容納一百人，宿營可容納七十五人，最適合團體退修渡假及訓練之用。

🌳 活動及住宿設施

 保良局賽馬會大棠度假村

　　保良局是香港其中一個歷史最悠久的福利慈善團體，創建於一八七八年，以「保赤安良」為宗旨，致力保護婦孺、救助弱小。保良局初期工作主要是遏止誘拐婦孺，為受害者提供庇護及教養，隨著香港社會的轉變，服務轉為多樣化。一九八四年三月二十二日在保良局北潭涌度假營五人足球場開幕禮上，主禮人鍾逸傑政務司有感社會對營舍服務的需求仍然甚殷，遂建議保良局於大埔另覓土地發展第二所度假營，而當年保良局亦打算發展營舍服務，遂於其後數年，往港九新界各處物色土地，包括當時政府欲將現時鯉魚門度假村及創興中心交予非政府機經營。最後適逢經濟低迷，政府將已平整妥當的一幅十二點九五公頃的大型私人康樂用地批撥予保良局作發展，這就是位於元朗大棠郊野公園範圍的

「保良局賽馬會大棠渡假村」，該營是以非牟利自負盈虧方式作營運。

🌱 挑戰網陣

整個營地按計劃分三期發展，大部份費用均由香港賽馬會慈善信託基金資助興建，第一期發展包括行政大樓、康樂會所、泳池和三座共住一百六十八人的三層高西班牙式營舍，於一九九四年七月由港督彭定康先生主持啟用典禮。

由於缺乏室內活動設施，一九九九年再獲馬會資助部份建設費興建第二期工程，包括多用途體育館及職員宿舍大樓。於二零零一年三月由特首夫人董趙洪娉女士主持開幕禮後投入服務，宿位也增加到二百六十八個；與此同時，也讓市民能在營內有管理及具安全感的環境體驗露營樂趣，營友同樣可享所有活動設施，營區營幕共可容納二十人。

再於二零零三獲馬會資助超過三佰萬元興建可同時容納一百五十人、佔地三千六百平方米的綜合繩網陣作各種歷奇訓練。集齊康樂繩網、歷奇團隊挑戰、高低空繩網、垂直攀爬挑戰、雙人飛索及戶外高牆，能提供一站式循序漸進的歷奇訓練。是全港佔地最廣、最多關次組合的綜合繩網陣。

透過行政長官社區資助計劃，二零一三年完成最後一期（第三期）發展，由特首梁振英先生主持開幕禮，冠名為保良局賽馬會領袖訓練基地，有一座住一百九十二人的訓練營

舍及多用途步操訓練場。趕及於同年七月暑假投入服務，以應市民需要。至此，全營宿位增至四百六十個，以宿位計，成為全港第二大營舍。

二零一二年開始，保良局兩營獲環保署資助，努力推行生物多樣性及環境保護教育活動，以邁向綠色營地為目標。渡假村再於二零一六年獲馬會資助進行多項綠色環保活動及增繕設施，預計二零二一年落成，屆時，傷殘人仕也能享用該等設施。

營地依山而建，佔地甚廣，為方便營友於營內遊玩，於二零零一年起，特別提供環保電動高爾夫球車租用服務，讓駕駛人士可接載營友遊覽導賞，享受優閒駕駛樂趣，是全港營地獨有的高爾夫球車活動。此外，設有環保玻璃通透大型中央飯堂、可容四百人的露天燒烤場。也有 Walk-in「即時入營」措施。另設有可容納六百人之室內典禮場地，設施包括表演舞台、專業音響系統及大型電腦投射器等，特別適合大機構及工商團體舉辦典禮及聚會。

大棠村會所一瞥

## 香港童軍總會蔡志明聯光童軍中心

早於一九二七年，童軍運動已開始在新界萌芽。香港童軍總會設有新界地域，包括離島、葵涌、屯門、荃灣、青衣、元朗等十一區，各區有其深厚的歷史及獨特的文化，百花齊放。而新界地域轄下有四個營

🌳 露營區

地，香港童軍總會蔡志明聯光童軍中心便是其中之一。

香港童軍總會蔡志明聯光童軍中心於二零零九年投入服務（前身是公立聯光學校），地處元朗大棠，環境清優雅靜，是一個理想的活動及訓練地點。營舍設施包括禮堂、講室、領袖辦工室、娛樂室、小組討論室、燒烤場、籃球場、營火場及三個露營區，適合團體、學校、教會或工商機構舉辦領袖才訓練營及聯誼活動等。中心特設廚區，營友可自行煮食。

🌳 活動室

# 壯麗大自然景觀的──西貢

　　西貢位於香港新界東部的半島，面向西貢海。「西貢」一名，大約在明初才出現。明朝曾派遣鄭和七次「下西洋」之後，不少東西亞、中東沿海、東非等國家也向明朝進行朝貢和貿易。當時，西貢便是西來朝貢船隻停泊的港口，久而久之，這裡就稱為「西貢」，有「西方來貢」的意思。

　　不單如此，西貢也是香港人愛到的度假地方，這裡我們可以找到多達十二座來自不同機構的的營舍。西貢營舍優勝之處多不勝數：香港青年旅舍協會白沙澳營鄰近海下灣海岸公園，便於觀賞珊瑚群、紅樹林；白普理堂位於赤徑，是登高遠足的好地點，可以俯瞰大浪灣、塔門一帶美景；中青黃宜洲營位於西貢海東端，是罕見的四面環水的營舍；保良局賽馬會北潭涌度假營沿北潭涌畔而建，盡得西貢山明水秀之美；青協賽馬會西貢戶外訓練營沿海岸線依山而建，盡覽四周優美景色；香港少年領袖團萬宜訓練營貼近全球首個以大壩圍封海岸而成的萬宜水庫，最適合近距離接觸六柱岩景觀；康樂及文化事務署麥理浩夫人度假村位於北潭西貢郊野公園，鄰近西貢大自然景觀。而伸手助人協會樟木頭老人度假中心毗鄰西貢市郊西沙路，亦可遠眺心曠神怡的吐露港風景。

## YHA 香港白沙澳青年旅舍

一九七五年位於西貢的 YHA 白沙澳青年旅舍開始營舍服務，屬香港青年旅舍協會郊區旅舍之一，為熱愛旅遊但經濟能力有限的青少年提供安全簡便的住宿服務，入住或入營人士須持有有效的「國際青年旅舍聯會」或香港青年旅舍協會會員證，每位會員每次可攜同最多三名非會員一同入住或入營。

由白沙澳青年旅舍沿海下路漫步約二十分鐘，便是海下灣海岸公園，營友可在此浮潛觀賞色彩斑斕的珊瑚群，亦可在附近的大灘郊遊徑欣賞紅樹林，或遠足至荔枝莊海邊欣賞獨特的沉積岩地貌。晚上可觀賞迷人的星空。

一九八五年白沙澳青年旅舍翻新完成，旅舍崇尚簡樸及環保的旅遊模式，設有露營區及至少一個大型公共空間，例如自助廚房及飯堂、多用途活動室等，一九八六年獲香港建築師學會會長獎。及後於一九九八年白沙澳青年旅舍再進行翻新，設有露營區和多人房床位，宿營可容納一百一十二人，露營可容納四十人。另外有燒烤場、儲物櫃、Wifi、多用途活動室、自助廚房及飯堂，藉以提供更完善的交流平台，讓住客認識來自世界各地的新朋友，交流旅遊心得。

白沙澳青年旅舍生態資料豐富，營友常到附近地點進行考察

##  YHA 白普理堂赤徑青年旅舍

🌿 營舍臨近多條遠足路線，深受遠足人士歡迎

香港青年旅舍西貢白普理堂位於西貢赤徑渡輪碼頭旁，一九七八年投入營舍服務，屬香港青年旅舍協會郊區旅舍之一。所有入住人士須持有效的「國際青年旅舍證」或有效的香港青年旅舍協會會員證。

西貢白普理堂位於西貢赤徑，是行山的熱門路線，亦是熱愛戶外活動人士的四季樂土。春天可以在赤徑碼頭垂釣，夏天在黃石水上活動中心參加風帆和獨木舟等各樣水上活動，而秋冬兩季則是登高遠足的好日子。營友可沿著麥理浩徑前往大浪坳及位於土瓜坪的紅樹林，甚至登上全西貢最高的蚺蛇尖，居高臨下俯瞰大浪灣、塔門一帶美景。

YHA 白普理堂赤徑青年旅舍崇尚簡樸及環保的旅遊模式，設有露營區及至少一個大型戶外公共空間，並有自助廚房及飯堂等，藉以提供交流平台，讓住客認識來自世界各地的新朋友，交流旅遊心得。

# 伸手助人協會樟木頭老人度假中心

　　伸手助人協會成立於一九七八年，是政府認可之慈善機構。轄下的樟木頭老人度假中心於一九九三年九月落成，是本港唯一由社會福利署資助以長者為服務對象的營舍。中心並於一九九八年六月起開放給復康人士使用。中心座落於環境優美的西貢馬鞍山區，背靠吐露港，遠眺八仙嶺，環境清幽，景緻怡人。

　　度假中心內設有多項康樂設施，適合一家老少共同參與使用。中心亦有專業導師教授各種手工藝及健體運動，如：草地滾球、硬地滾球、門球、柔力球、健體八段錦、健身氣功、瑜伽、椅上徒手操、脊骨保健操、舞蹈活動、茶藝及環保手工藝等。中心亦不時舉辦多元化的主題性活動，以配

樟木頭老人度假中心於一九九三年九月落成，是本港唯一由社會福利署資助以長者為服務對象的營舍

145

合社會需要及節日氣氛,包括:中秋燒烤營、聖誕遊、新年行大運、環保新體驗、養生保健營等。此外,中心更設有室內暖水泳池及水力按摩池,長者可透過水力按摩舒筋活絡。中心共可提供一百五十個住宿營位,並可容納三百個日間營位。

🌳 各長者藝術家忙碌中

營舍膳食多樣化,可提供三餸一湯營養餐膳,亦備有多款特別餐宴供團體預訂,如:壽宴、蛇宴、團年飯、團拜宴、補腦餐宴、養生藥膳宴、盆菜宴及齋宴等。

🌳 為大家準備開飯

## 獅子會青年會將軍澳青年營

　　香港中華基督教青年會是一個建基香港的基督教服務組織，本著「非以役人，乃役於人」之基督精神，服務社會。為推展夏令事工，中青自一九四九年開始，每年舉辦少年營和學生營，但缺乏固定營地，只有臨時選擇郊區，用帳幕露營。一九五六年，香港獅子會和中青合作，開發建設新界獅子會-青年會將軍澳青年營，地點位於茅湖山，調景嶺附近，面積十英畝，背山面海，風景如畫。一九六零年營舍建成，擁有一萬五千平方尺的運動場、營火場和水電設備等，是全港第二個提供康體服務的營舍。

　　一九六零年六月，颱風「瑪麗」襲港，營舍受損，後獲幾個團體和私人的幫助，尤其是得到新界南約理民府的幫助，營舍得以迅速修復。一九六四年國際獅子會會長專誠訪港，為青年會將軍澳青年營主持正式揭幕典禮。此外，一九六五年中青與香港建築商會合辦建築業技工訓練工作營，為期六周，修建營舍工作人員宿舍及辦事處各一座，迄今仍在將軍澳青年營使用中，見證中青跨服務合作之成果。可惜，政府

🌱 環保通識園中三種風力發電機

於數年後收回營地部分用地，
包括海灘地帶及大球場約五英
畝用地作拆船工業用，營舍發
展因而受到限制。

營舍於六十年代舉辦的「健
康營」，受社會福利署津助，
每期可招待八十位兒童，年齡

🌱 **泳池中的歷奇訓練**

由八至十六歲，這些兒童大部份來自徙置區。由星期一上午
入營，星期六早上離營，入營兒童需於入營及離營量度體重，
兒童體重平均增加三至五磅。每年有三千個名額，免費供全
港學校及志願福利機構申請，使來自人口擠迫貧苦家庭之兒
童，在透過有經驗與訓練之導師指導下，得以歡渡富有教育
意義之郊外生活，可說是戶外教育營的前身。在營期間提供
遊戲、手工藝、爬山、釣魚、游泳、晚會及小組活動等給營
內兒童。

中青其後不斷擴展營舍的設施，一九七二年獲美國居
民捐款建造游泳池，並由當時美國總領事歐思本先生主持開
幕。一九九零年初營舍裝置空調系統，大大改善住宿環境。
二零零九年獲香港公益金撥款在營舍設立「再生能源通識
園」，推動環保工作。

此外，將軍澳青年營位處茅湖山，毗連康盛花園，飽覽
寶琳，坑口及將軍澳景致。營友可在夜景絢麗的營舍痛快地
燒烤吃喝，令「黃昏燒烤哂一哂」這活動，多年來深受各界
歡迎。

# 聯青社青年會黃宜洲青年營

　　香港中華基督教青年會鑒於營務工作發展之意義，六十年代除營運將軍澳營地外，同時積極進行覓地興建另一新營地，以滿足社區之需要，最後終獲政府答允於西貢外一小島〈黃宜洲〉拓展該會第二個營地。

　　黃宜洲營地前身為一個獨立島嶼，佔地約十餘英畝，前臨西貢海，鄰接黃宜洲村。六十年代曾用作電影「聖保羅炮艇」取景場地，因而讓外界對此小島有所認識。當年青年會時任副總幹事趙文璧先賢，熱心青年事工，所以向政府申請於黃宜洲島上開展營務工作，為青年人提供一個嶄新的身、心、靈戶外活動場地，並於一九六五年六月獲香港聯青社支持，捐款十萬元資助興建，而營地亦因此定名為「聯青社－青年會黃宜洲青年營」。

　　一九七一年中青黃宜洲青年營正式投入服務，營地四面環水，林木青蔥，環境幽靜，既可供市民渡假，暫離煩囂都市，亦可作團隊訓練基地，置身其間有超然塵外的感覺。初期的營務活動以野營為主，其後陸續增加多項基本建設，包括碼頭、開發水源、蓋搭儲物屋、職員宿舍、電話安裝、電力供應等。至於住宿設施方面，早期只有一所大禮堂，而其中三分一再分割為兩間共住六十人之房間。

　　七十年代後期，黃宜洲青年營先後兩次獲本港扶輪社慷慨捐款，贊助增建營舍住宿設施，為營友提供更佳服務，營舍宿位亦不斷增加。工程於一九八零年間完成，特命名為「扶輪村」，而適值國際扶輪社社長蒞港訪問，獲親臨營地主持

開幕。

　　一九八二年適逢香港聯青社慶祝成立五十年，該會慷慨捐助二十五萬，作為近碼頭旁興建一座樓高兩層綜合活動中心及左右兩側康樂室的一半建築費用，一九八三年初由時任政務司鍾逸傑太平紳士蒞臨主持啟用禮。此外，一九八九年政府批准青年會在島上北面加建設施，並獲香港聯青社、香港北區扶輪社及戴麟趾爵士康樂基金贊助，興建環島緩跑徑暨體能訓練設施、露營區、繩網陣及射箭場等設施。一九九零年代營舍再展開多項發展建設，加建露天劇場、水上活動區及碼頭等工程。營內除設有不同球類活動、露營區和營火場等戶外活動場地外，並提供多項水上活動，如龍舟、無座艙式獨木舟、直立板、浮筏紮作等。

　　為優化服務及提升競爭力，營地計劃向外間申請資源作全面重建，務求打造一個與時並進，建基於環保概念、與大自然融合、集合教育與康樂一身的優質營地；並附設高質素水上活動及訓練中心，提供安全、有趣味的水上活動及訓練，以配合香港市民適時需要。

🌱 黃宜洲青年營：水上活動訓練

🌱 環保工作營

## ⛰ 保良局賽馬會北潭涌度假營

　　一九七八年保良局獲政府撥地五公頃於郊野公園範圍興建北潭涌度假營，是香港第一所全新設計的非牟利度假營。營舍於一九七八年奠基及一九八一年全營落成儀式均由香港總督麥理浩爵士親臨主持。其後多方面發展及大型活動也獲歷任港督駕臨增光，包括一九八六年港督尤德爵士、一九八七年署理港督鐘逸傑爵士、一九九二年港督彭定康先生和一九九六年首位女布政司陳方安生女士等等。

　　保良局北潭涌度假營位於山明水秀之西貢北潭涌畔，本來該處是沼澤地帶，旁為北潭涌（龍坑），河道清澈彎曲，但因政府興建西貢萬宜水庫而將大量挖掘及開山沙石堆填於沼澤上，而營舍就是建於這黃沙土石形成之地上，當中並無任何植物。營舍開放初期沒有自來水供應，只用一口水井及於五百米以外的河道上游泵水作煮食及淋浴用，經常有制水問題。又因近河海交界，時有咸味糖水及咸味白飯情

🌿 保良局北潭涌度假營入口

況，當時的營友雖然明白緣由，但仍投訴或埋怨不斷，困境直至一九八二年得到政府自來水供應才解決。

🌿 從營地內登山徑上下望營內一景

一九七九年四月營舍正式啟用，最早試業的租營團體，乃來自政府康體處主辦的「週末青年康樂營」，共有一百名營友。早期營內只有七座兩層高團體營，隨著第二、三期工程相繼落成，一九八一年的度假營已建有十座西班牙式營舍，設備齊全，可住三百八十八人，並提供酒店式的營舍服務。

🌿 寧靜的一隅

營舍於開營五年後，再獲政府批租貼鄰四點八公頃後山作野外訓練活動，加建登山徑及觀星亭等，配合其他設施，能提供多元化水陸康體訓練活動，切合不同年齡營友的需要。除宿營、日營傳統用營方式外，更首創下午營和黃昏營予不同需要的人士。

二零零三年四月香港爆發沙士疫情，期間保良局董事局決定協助政府對抗沙士，借出營舍給政府康文署麥村臨時隔離營的醫護人員，作臨時住宿。直至疫情消退，該等特殊嘉

賓離營四十八小時後，清潔該營舍的同工穿著全副防衛保護衣進行大清潔；此外，同工更支援隔離營內政府各部門如醫務衛生署、警方及民安隊等工作人員的膳食，每餐定時送到麥村大閘口，此番經歷實屬難忘！

　　二零零三年沙士一役後，保良局北潭涌度假營再創新推出 Walk-in「即興入營」，適合一家大小或三五知己即時入營，免除預早訂用的一般填表申請手續。二零零五年四月一日起將租營工作電腦化，減少人為疏忽，使收費及記錄更準確；營舍亦注重環境保護，希望成為綠色營地。

　　二零零八年營舍開始策劃並成立足球訓練計劃以擴展服務，歷經多年，保良局決定將計劃擴大，將部份過時設施拆卸及興建訓練中心，並於二零一三年獲香港賽馬會慈善信託基金資助及保良局基金撥款共一億一仟多萬元進行重建，主要發展包括一個全新的第四代人造草七人足球多用途場連公眾浴廁及一座新建五十二人的訓練營舍，於二零一八年中投入服務，營地冠名為保良局賽馬會北潭涌度假營，全營可容四百四十人入住。

## ⛰️ 香港小童群益會白普理營

　　小童群益會創立於一九三六年，當時的主要服務對象為流連街上的失學貧童，他們極需保護與培育。踏入七十年代，設立度假營的需求日益增加，小童群益會總幹事決定與天文學會合作，興建一座與別不同的天文度假營。經與政府多次磋商後，一九八一年獲政府批地，並得到白普理信託基金三百萬元撥款興建營舍，命名為白普理營，於一九八三年六月由鍾逸傑爵士主持奠基儀式，至一九八五年正式啟用。

　　白普理營是首間兒童天文度假營。營地最大特色是設備完善的青少年天文台，備有多項觀測天文儀器，包括十六吋折反射望遠鏡及具自動追星功能的赤道儀。藉著這些天文設施，營舍為營友提供觀測天象及學習天文知識的機會，推廣天文活動。營舍並提供各式各樣的歷奇、康樂及水上活動。一九八六年白普理營獲教育署推許用作教育營活動；一九九八年獲優質教育基金撥款推行「伴我飛翔」歷奇為本

🌱 融入大自然，設計美觀的營舍

輔導計劃；另備有一套齊備的原野烹飪材料及器材，以供營友一嘗自己煮食的體驗。而營地亦提供露營活動，營友可在漫天星空下體驗露營樂趣。

此外，距營舍不遠的萬宜水庫東霸，為「香港十景」之首——六角火山岩柱之所在地，營舍導師可帶領營友了解地質特色，欣賞宏偉的大自然景象。營友亦可到附近的上窰民俗文物館，了解客家文化及古代原居民的生活；或參與營地的水上活動，近距離觀賞紅樹林。

🌱 木筏紮作讓參加者發揮創意和團隊合作精神

🌱 天文觀星是營地頗受歡迎的主題活動

## 香港少年領袖團萬宜訓練營

　　香港少年領袖團的成立，可追溯至一九六七年暴動後，政府和社會各界認為香港需要多關注青少年品格的培訓。當時的皇家香港軍團（義勇軍）遂於一九六九年成立了義勇軍少年領袖團，宗旨是提供一個紀律訓練環境，讓十四至十七歲男孩發展個人品格、領導才能和服務社會的精神，期望訓練出一批未來領袖。隨著香港主權於一九九七年移交中國，義勇軍需要解散，義勇軍的管理層有鑒於少年領袖團貢獻良多，值得保留於香港回歸後繼續服務社會，遂於一九九五年九月成立香港少年領袖團，取代同時解散的義勇軍轄下之少年領袖團，以獨立慈善機構及制服團體的形式運作。少年領袖團的導師均為義務性質，早期的導師大多是前義勇軍成員，並以西貢萬宜訓練營為訓練基地。

　　萬宜訓練營及香港賽馬會萬宜訓練營同屬香港少年領袖團運作的兩個營舍，兩營相隔約一公里。萬宜訓練營前身是

營舍位於風景宜人的萬宜水庫旁

香港回歸前駐港英軍使用的訓練營，一九九七年初政府交予香港少年領袖團作總部及訓練營舍，面積約一萬二千四百平方米，宿營可容納二百三十人；日營和黃昏營則可容納八百人。而香港賽馬會萬宜訓練營最初是警務處的警崗，八十年代則用作懲教署負責看守萬宜越南難民中心的職員宿舍。隨著越南難民問題得到解決，營舍於二零零六年底交由香港少年領袖團使用。營舍面積約三千六百四十平方米，可供一百五十人入住。兩營舍同樣以租約形式交由香港少年領袖團使用至今。

營舍設施有別於度假營，除飯堂及課室外，亦設有野營場地、操場、攀爬牆、障礙賽道、高繩網陣、射箭場、射擊靶場等。而營舍活動強調紀律及團隊精神，保留了義勇軍的傳統和特色，為青少年提供艱辛而富挑戰性的高質素領袖訓練，包括有步操、體能訓練、野外求生技能等，具軍事特色。

兩座營舍均位於西貢東郊野公園萬宜水庫旁，風景宜人。營舍主要用作香港少年領袖團團員訓練的基地，但亦會對外開放，租借予其他青少年制服團體及機構使用。現今營舍活動導師部分仍是前義勇軍成員，具有豐富的軍事訓練經驗。

##  香港青年協會賽馬會西貢戶外訓練營

　　早於六十年代，青協為了讓青少年的學習延伸至野外環境，透過活動鍛鍊身心，培養自信、自律及團隊精神，遂於一九六五年在大網仔設立訓練營，當時稱為「香港青年協會大網仔戶外訓練營」。成立初期，營地只有兩間平房式宿舍及簡單水上活動設施。青協一直相信美麗的自然環境應該讓更多青年分享和受惠，因此先後進行三次大型的擴建工程，不僅大增宿位至四百六十個，同時，透過與時並進的設施，讓青年探索和挑戰自我。

　　營舍三次的擴建均獲香港賽馬會慈善信託基金慷慨捐助，因此重新命名為「香港青年協會賽馬會西貢戶外訓練營」。第一期擴建於一九八六至一九九一年間進行，主要興建樓高三層的綜合設施大樓及新營舍；第二期擴建於一九九八至二零零一年間進行，增建了康體大樓、泳池和營舍；而第三期則於二零一四年竣工，營舍面積增至一萬八千

　擁有山光水色的營地

多平方米，並增建餐飲大樓、賽馬會賞綠生活館和六幢營舍。設施包括體育館、教學廚房、演藝廳、泳池、燒烤場、運動攀登牆、射藝室、空中花園、天台農圃、大型「魚菜共生」系統等，提供多樣化，以至度身訂做的水陸活動和訓練，並設有多間不同面積的活動室供營友租作自辦活動用。

🌱 新穎的教學廚房

🌱 室內攀爬活動

　　營舍沿海依山而建，四周翠綠環繞，紅樹林濕地近在咫尺，孕育了多種近岸生物；鄰近鄉村和文物古蹟，是舉辦戶外訓練、教育活動和啟迪身心的理想地點。此外營舍設有時尚的咖啡室，及可容納三百多人的海景餐廳，有多款餐單以供選擇。

##  香港童軍總會白沙灣譚華正海上活動中心

香港童軍總會白沙灣譚華正海上活動中心於一九八三年開始提供營舍服務。地處環境優美的西貢白沙灣，為香港地質公園範圍內，並於二零一七年成為香港聯合國教科文組織世界地質公園合作夥伴。中心可提供教練指導營友使用各類船艇活動包括風帆、獨木舟、立划艇、滑浪風帆、童軍標準艇及龍舟，是理想的宿營、露

🌱 **先鋒工程訓練**

營及水上活動的地方。營舍設有六人房、八人房和二十四人房，全部房間均設有空調，合共可供六十八人入住。另設有露營區，可容納一百人，營友需自備營帳。

中心並沒有膳食提供，營友可向就近餐廳預訂膳食或在中心的廚房自行煮食。營舍廚房設備齊全，提供電磁爐、微波爐、電焗爐、蒸櫃、雪櫃、三組洗滌槽及基本煮食用具供營友使用。營友亦可免費借用而燒烤場、營火場。活動中心適合團體、學校、教會或工商機構舉辦訓練營、迎新營、退修營、講座及康樂活動等。

此外，營舍裝置了由香港童軍總會氣象組所管理的自動氣象站，被香港天文台納入為「社區天氣資訊網絡」會員。

🌱 八十年代標準艇訓練

🌱 現代標準艇隻

##  康樂及文化事務署西貢戶外康樂中心

　　康樂及文化事務署西貢戶外康樂中心前身為英軍軍營，佔地六點四一公頃。一九七三年英軍撤退，該處曾在一段短時間收容越南難民。於一九七四年難民營關閉並交回政府管理，即由前教育署康樂體育事務組負責，於一九七七年成為第一所政府對外開放的戶外康樂中心及營舍。

　　西貢營位於享有「香港後花園」美譽的西貢，風景秀麗，更為市民提供各式各樣的康樂及體育活動，因為「好玩，好食」，早期被市民稱之為「市民郊野別墅」。

　　康樂設施包括游泳池、射箭場、繩網陣、滾軸溜冰場、運動攀登場、多種球類設施、餐廳及燒烤場等。此外，設有樓高三層的營舍，共有三十一個單位，可供二百四十八人入住。

　　二零零三年，沙士影響香港，中心被用作隔離中心。二零二零年一月至二二年中旬期間，因 2019 冠狀病毒病的影響，中心亦被用作檢疫設施。

🌳 樓高三層的營舍

🌳 很受歡迎的繩網陣

# ⛰ 康樂及文化事務署麥理浩夫人度假村

　　康樂及文化事務署麥理浩夫人度假村位於西貢北潭西貢郊野公園，佔地十三點二公頃。度假村原址為萬宜水庫興建時，供工程師居住的宿舍，其後改建為度假村。

　　麥村營舍為獨立式平房，設有客廳、睡房及洗手間連淋浴設施，可供三至十五人使用，整個度假營可容納二百六十八人入住。度假村除了一般營舍活動外，亦有舉辦一些遠足活動，讓營友接觸大自然，舒展身心。

　　二零零零年香港海關在一艘前往天津的貨船上搜出未申報的五輛 BTR － 70 裝甲運兵車。由於香港是不可以轉運任何軍事物資，此批裝甲車最終被充公，一輛存於度假營內作永久展覽。

🌿 度假村辦事處

163

二零零三年，沙士影響香港，度假村曾被用作隔離中心。

二零零八年香港太空館於度假村內增設一所西貢遙控天文台，耗資七百三十萬元興建，由香港太空館安裝和運作。天文台內裝有全香港最大的專業

🌿 度假村天文台天文活動

級天文望遠鏡，使用者能用這望遠鏡觀察比肉眼能見極限暗四千倍的天體。而望遠鏡亦連接了一部具一千一百萬像素的天文專業級電荷耦合器攝影機，攝下不少天文奇觀。二零零九年，受人類豬型流感的影響，度假村被用作隔離中心。二零二零年一月至二二年中旬期間，因配合政府對抗 2019 冠狀病毒病的措施，度假村被轉作檢疫設施。

🌿 度假村設施舊貌

# 康樂及文化事務署創興水上活動中心

　　康樂及文化事務署創興水上活動中心位於新界西貢萬宜水庫西壩旁邊，屬於西貢郊野公園範圍之內，其原址是興建萬宜水庫時的蓄水池，當萬宜水庫興建完成後，改為興建一個人工湖，用作水上活動之用，進行一些水上活動，包括：獨木舟、風帆、滑浪風帆和划艇等活動。

　　創興中心除了設有人工湖作水上活動之用外，也設有康樂設施作日營及露營活動之用。此外，中心內設有面積約一千二百平方米的香港天文公園，於二零一零年一月三十日啟用。天文公園集古今中外具代表性的天文儀器及設備，供大眾市民及業餘天文愛好者享受觀星之樂。

中心人工湖

165

 **走過百年的香港營舍服務**

🌳 昔日中心舊貌

🌳 多種水上活動

166

# 鬧市以外的寧靜——香港及九龍

一般人去宿營都會想像要去到離島、西貢或是北區等郊外地區，事實上，香港島及九龍市區，都有營舍提供宿營服務，這正突顯了香港雖然是石屎森林，但近在咫尺卻又有讓人親近大自然的地方，實在要好好珍惜香港每一片郊野地。

## YHA 賽馬會摩星嶺青年旅舍

一九八一年賽馬會摩星嶺青年旅舍開始營舍服務，是香港青年旅舍協會兩間近郊旅舍之一。入住或入營人士須持有有效的「國際青年旅舍聯會」或香港青年旅舍協會會員證，每位會員每次可攜同最多三名非會員一同入住或入營。營舍位置旺中帶靜，風景怡人，旅舍於特定時間提供專車往返市區。想在假日遠離繁囂，又想輕鬆出入城市中心，摩星嶺青年旅舍是理想之選。

賽馬會摩星嶺青年旅舍於二零一二年曾進行翻新，於同年九月二十八日正式重新開放，進一步提供安全簡便的住宿服務予熱愛旅遊但經濟能力有限的青少年，幫助他們完成旅遊計劃，追尋人生目標。

營舍整體設計以清新簡約為主，一系列的白色小屋洋溢一陣歐陸風情。跟其他青年旅舍一樣，摩星嶺青年旅舍設有多個大型公共空間，其中一個色彩繽紛的用餐區，便是讓營

友認識來自世界各地新朋友的好地方,讓彼此互相交流旅遊心得。

　　不過最吸引營友的是營舍內一個二百七十度的觀景台和天臺雅座,使營友認識到香港除了是一個高廈林立的國際大都會,其實在繁華鬧市以外,還有很多賞心悅目的自然風光。營友置身二百七十度的觀景台,便可飽覽維多利亞港和青馬大橋的美景;海景雙人房更讓營友盡享日落景緻。

　　此外,沿營舍旁的梯級拾級而上,可找到已被列為二級歷史建築物的摩星嶺炮台軍事遺跡群,遠足之餘可順道了解香港歷史。

🌱 現代化的旅舍成為世界各地青年旅客租住的首選

## 香港女童軍總會新德倫山莊

　　新德倫山莊營舍創建於二零零九年十月三日，座落於港島市區的跑馬地黃泥涌峽道，設有兩間團體房，一間二十四人房及一間十六人房。營舍交通方便，適宜進行宿營、日營及訓練活動之用。

　　營舍設有營火區和戶外烹飪爐灶，並聚焦「歷奇新德倫」繩網歷奇設施，包括「步步為營」「攀山越嶺」「迷城奪寶」「繩網陣」「共享網樂」「攀石牆」等野外訓練設施，適合訓練及會議等用途。

🌱 昔日的營舍

🌳 歷奇訓練區

🌳 高樓圍繞的營舍

# 🔺 香港童軍總會大潭童軍中心

　　為配合城市發展，香港童軍總會於一九七零年交還「柴灣營地」，香港政府以大潭用地交換，而這大潭用地建成為今天的「香港童軍總會大潭童軍中心」，一九七二年九月正式啟用。

　　香港童軍總會大潭童軍中心位於港島南區環境優美的大潭灣，營舍設有四人房及八人房，共可容納八十八人。此外，設有燒烤場、營火場等設施及可容納八十人的露營區。營舍可進行高牆、攀石、射箭、攻堅場、先鋒工程、獨木舟等活動，適合舉辦訓練營、迎新營、戶外教育營、退修營、講座及聯誼活動等。

　　營舍包括一個海上活動中心，可提供教練指導營友使用獨木舟等海上活動設備。營舍並裝置了由香港童軍總會氣象組所管理的自動氣象站，被香港天文台納入為「社區天氣資訊網絡」會員。大潭童軍中心於二零一九年獲世界童軍組織（WOSM）認證為「優質自然環境童軍中心」，成為全港首個 SCENES 營地。

🌿 昔日的大門

🌿 行政大樓

🌿 白普理大樓

## ⛰ 康樂及文化事務署鯉魚門公園

康樂及文化事務署鯉魚門公園位於筲箕灣亞公岩山麓上，佔地二十二點九七公頃，前身是超過百年歷史的鯉魚門軍營，這是香港昔日一個海陸兩軍專用的軍營。由於鯉魚門扼守維多利亞港東面入口，具有重要軍事價值，早於一八四五年已有英軍駐守。一八八零年起，該處開始建立碉堡，軍營連同在十九世紀末所組成的鯉魚門炮台、白沙灣炮台及西灣炮台構成當時維多利亞港東面入口的一個重要軍事屏障。一九四一年日軍侵港

🌱 具歷史價值的營舍設施

🌱 新建檢疫設施以應對新冠肺炎

時，鯉魚門一帶曾發生激烈戰鬥，惟由於軍隊數目懸殊，各炮台及軍營均先後失守，整個香港島亦於數天後淪陷。第二次世界大戰結束後，曾有數批英軍部隊駐守軍營，一九四八年起主要是被香港軍事服務團用作新兵訓練，倉庫及資料記錄室。直到一九八七年，所有駐營部隊撤走，軍營及其他設施亦於同年交回香港政府重新規劃及發展。鯉魚門軍營其後發展為三個部分，中央兵房區域改為鯉魚門公園及度假村，低地炮台改為香港海防博物館，高地炮台為西灣炮台，現時

仍然屹立西灣山上。軍營建築群歷史價值甚高，部分建築現已被評為法定古蹟，一及二級歷史建築。

🌱 **昔日軍營建築**

一九八八年，前市政局將鯉魚門軍營改建為度假營，開放給市民使用。鯉魚門公園是首個位於市區的度假營，由早期的鯉魚門軍營內數十座極具二十世紀初歐洲風格的建築物所組成，最多可供二百八十二人入住。營舍遙望鯉魚門海峽，當中十四座分別於一八八四年至一九三九年興建的建築物更獲評級為歷史建築物及法定古蹟，是香港營舍中獨有的特色。

二零零三年，沙士影響香港，鯉魚門公園曾被用作隔離中心，隔離有可能受感染的居民。

二零零九年春天，人類豬型流感在全球爆發，政府再徵用鯉魚門公園及度假村作為隔離中心，幸好很快便重新開放。

二零一三年尾，度假營曾進行改善工程，進一步美化及綠化營地環境。度假營內設有多種康樂設施，包括網球場、繩網陣、壁球場、硬地球場、草地、室內活動場地、園藝設施、植物展覽館等，更設有騎術學校，提供騎馬活動及安排團體參觀鯉魚門公眾騎術學校等活動。二零二零年一月至二二年中旬，因 2019 冠狀病毒病的影響，度假村亦被用作檢疫設施。

## 香港傷健協會賽馬會傷健營

　　香港傷健協會賽馬會傷健營前身是薄扶林傷健營（從前命名為 Lady Maclehose PHAB Centre），於一九七九年由政府撥地興建，港督麥理浩夫人主持開幕禮，全營設施均由升降機及斜道連接，為各年齡階層的傷殘及健全人士提供一個可共享的康樂營地，也是香港第一個為傷殘及健全人士而設的營舍。港督衛奕信夫人和中國殘疾人聯合會主席鄧小平之子鄧樸方先生，也曾到訪薄扶林傷健營。

🍃 大禮堂除進行大型團體活動外亦可作各類球類運動

🍃 營舍位於薄扶林水塘邊，環境優美

　　「傷健」一詞，代表傷殘與健全人士，而傷健營則冀以營舍設施及體驗活動作公眾教育，推廣「傷健共融」概念，並為傷殘人士提供系統性的體育及歷奇訓練，加強自信融入社會。其實傷健運動源自英國，其創辦人瑪莉羅便臣女士

🍃 營舍配備傷健共融設施

於一九七零年，將「傷健本平等、機會非憐憫」的理論引進香港。其後由社聯組織傷健運動工作小組推廣此項工作，於一九七二年正式成立香港傷健協會，負責在社區內統籌及推廣傷健運動，李鈞洪先生是香港傷健協會創會人。

最初營舍選址鄰近中環、金鐘等城市心臟地帶的薄扶林水塘道，意在減少傷殘人士到營舍進行活動的交通時間。現毗鄰香港大學和堅尼地城港鐵站，除坐擁薄扶林水塘的優美景色外，交通更是便利，是城市中的心靈綠洲。

營舍於九十年代才加裝冷氣，其後獲得香港賽馬會慈善信託基金贊助重新發展，面貌全新的營舍於二零一五年落成，是一所擁有現代化無障礙設施的營舍，配備全面的影音系統和多元化的運動訓練設施，包括無障礙攀石牆、輪椅劍擊室等，住宿房間設計寬敞，方便輪椅人士，並設有獨立的無障礙洗手間及浴室，而營舍在重新發展計劃中亦新增點字地圖、引路徑、「去街易」電話發聲導航系統等失明人士設施。全營亦加設電子屏幕，令失聰人士可以看到營舍的資訊。現宿營可容納一百二十四人、日營達一百六十人，提供舒適的住宿配套。

除了原有的「歷奇成長訓練營」及「傷健教育營活動」外，香港傷健協會賽馬會傷健營會著力發展傷殘人士運動，以輪椅攀石牆、獨木舟及潛水訓練項目進行傷殘人士歷奇訓練活動，並利用新設施，舉辦傷殘人士體育訓練。

## ⛰ 香港童軍總會基維爾營地

香港童軍總會基維爾營地源自一九五四年童軍總會舉辦的「威爾斯太子錦標比賽」。當時比賽地點選在茂草岩與老鼠田地區，而負責此項比賽的領袖及評判於賽後卻極欣賞該地的風景，並且發現該地面積廣闊，水源充足，認為那是一個理想的露營地方，便向總會提出建議。其實童軍總會當時在九龍方面沒有營地供童軍露營，已開始計劃於九龍以北的沙田南設置營地，基維爾營地正符合計劃。因此總會向大埔

🌿 昔日的營區

🌿 升旗禮

理民府申請使用該地，直至一九六零年始獲政府批出一塊位於大老坳，面績約二十萬平方米之土地用作童軍營地。

隨後童軍總會開始了兩個「三年計劃」，建成了貯水壩、車路、水電等工程。一九六八年營地正式啟用，這就是今天的「香港基維爾營地」，也是香港童軍總會繼柴灣營地後的第二個營地。營地提供優質露營區及繩網等歷奇訓練設施；但營友須自備露營用具，營內亦沒有膳食供應，營友需自備食物。二零零七年增設「野外巔峰」歷奇廣場訓練場地，適

合團體、學校舉辦訓練營。

　　基維爾營地位於九龍大老山與東洋山之間的大老坳，近九龍飛鵝山道茂草岩，海拔約四百三十米，群山環抱、環境清幽恬靜。營地共有十八幅營區，每幅可供十至十五人作露營之用，全營可容納二百七十人，是理想的露營勝地。

　　營地鄰近新界西貢區，由九龍彩虹前往只需十至十五分鐘，交通方便。亦有麥理浩徑接連一條無名小路前往飛鵝山道，位於海拔四百二十米，由營地步行數分鐘便可看到整個九龍半島、維多利亞港及香港島北的風光。

🌿 野營區

🌿 攀石牆

## YHA 美荷樓青年旅舍

於一九五三年十二月二十五日晚上，在石硤尾山邊寮屋區發生的一場大火，使接近五萬八千人喪失家園。為安置這些受石硤尾大火影響的災民，政府在翌年興建了石硤尾徙置大廈，而美荷樓正是首八座石硤尾徙置大廈之一。當年政府為要在最短時間內安置大量石硤尾大火災民，因此石硤尾徙置大廈只為居民提供最基本的生活設施，充分體現簡潔平實的建築風格。

悠悠數十年，昔日的石硤尾徙置大廈已拆卸重建，但這裡的一磚一瓦都盛載著香港市民五、六十代的共同回憶。加上石硤尾徙置大廈見證了自一九五四年開始的香港公共房屋計劃，對香港的社會、民生、

美荷樓青年旅舍成為香港首個活化營舍，設施及環境都達酒店級水平

經濟和教育發展具深遠影響；而石硤尾徙置大廈獨特的空間設計，亦塑造了居民的日常生活和娛樂習慣，以至緊密的鄰

里關係，因此美荷樓得以保留，成為第一期政府的「活化歷史建築伙伴計劃」，在原址設立旅舍和生活館，以標記該段深刻的歷史。

香港青年旅舍協會負責保育及發展美荷樓，同時傳承美荷樓的歷史、文化及人文價值，把美荷樓青年旅舍塑造成融會社區特色的文化地標，於二零一三年開始營運。營舍提供一百二十九個由原公屋單位改建的房間，而當中的「美荷樓生活館」，透過展覽、導賞活動及各項文化活動，記錄了美荷樓活化成青年旅舍的過程，以作保育研究及教育用途；並展示出社區歷史、公屋環境以至市民生活習慣的轉變，可謂深具歷史、建築和社會意義。

如上所述，美荷樓青年旅舍由第一代「H型」徙置大廈活化而成，是香港現時僅存的「H」型第一型徙置大廈，也是香港同類型房屋的首個設計，具長型及橫向迴廊之現代建築風格。營舍設有傷健人士房間、懷舊主題房、懷舊冰室及士多等，讓營友及公眾人士親身體驗本地文化。

特別要提旅舍內的特色博物館——「美荷樓生活館」。主辦單位透過模擬單位、3D 攝影區，穿越時光隧道等展區，讓營友及公眾人士認識香港的公屋歷史和五十至七十年代石硤尾區的生活故事。

二零一四年美荷樓青年旅舍榮獲「二零一四全國人居經典方案競賽建築、規劃雙金獎」；又於二零一五年獲「聯合國教科文組織亞太區文物古蹟保護獎」之榮譽獎。

美荷樓青年旅舍是香港罕有的城市旅舍，設備齊全。設

施及服務水準緊貼一般酒店，適合預算不多而又想享受酒店級住宿的旅客。加上美荷樓位處市中心地帶，附近食肆林立，交通方便，讓旅客輕鬆往返各大景點。

# 第七章

## 未來營舍服務發展的關注和期盼

# 未來營舍服務發展的關注和期盼

　　逾一世紀的香港營舍服務由零星的露營活動開始，演進到服務街童的兒童營，再發展至今時今日，不同類型的營舍在港遍地開花。進入二十一世紀，香港的營舍發展又何去何從？編輯小組搜集眾多營舍服務同工及會員意見和訪問了營總前主席孔淑恩、現屆主席饒奕明及副主席龔炳輝，綜合分析如下：

## （1）善用科技配合發展

　　現在社會科技發達，人工智能的發展使人漸漸的浸沉於虛擬世界中，營舍作為戶外學習的平台，更要讓青少年人接觸大自然、拾回人與人之間的關係，減少由人工智能去主導，加多自我思考，探索真善美。但同時未來營舍服務亦須善用科技配合發展，除網上訂營服務外，將來的方向是走向一站式平台，方便使用者瀏覽所有營舍的資料及宿位情況，並有篩選功能，讓使用者更快找到所需服務。各營舍更可利用網站／平台進行互動或交流。此外，透過科技提升活動效能，例如引進個人保護網系統，讓更多營友可以自行進行營舍活動，或把活動結合科技，擴展服務的種類及深度。

　　目前營舍發展面對最大困難之一是聘請前線工作人員，當沒有人願意擔任執房、廚房這類基本工作時，以人工智能及機械取代人手是另一出路，但相信要很長時間才能看到這個轉變。另外，未來營舍必須有全面的環保節能的設計，讓

營友入到營舍可過一個節能生活模式。科技確實能協助營舍有更佳的管理，例如智能控制營內的冷氣及熱水以至宣傳營舍服務的手機軟件，相信在不久將來為營舍服務帶來方便。管理房間上亦可使用酒店式的拍咭系統，讓場地管理更方便。

### （2）專業資格認證及社會角色變化

回顧過去，營舍在社會福利及教育擔起重要角色，每個營舍的活動均有一些特點，但近年多了營舍以純租場地的形式經營，發展偏向康樂體育，所以未來營舍能否重新加強社會福利及教育的功能，應作探討。不同年代會出現不同的社會問題，營舍亦應與時並進，以服務回應社會的問題，正如過去由於有「街童」問題，便有健康營的出現，同樣今時今日物質富裕，亦產生了不懂照顧自己的「港童」，營舍亦以訓練自理能力的活動作回應。

同樣的，營舍的從業員，亦應因應社會的轉變去裝備自己，所以業界人才走向專業是必然趨勢。要朝這方向走，專業資格認證是唯一方法，因同業須走向專業，須有專業資格支持，就如社工有註冊社工、教師有註冊教師一樣。營舍服務落在戶外康樂及教育的範圍，但目前並沒有一個認可課程的是專修這個項目，有的只是康樂體育教育下的一個科目。但環顧台灣、日本及澳洲，都已有專修讀戶外消閒康樂教育的學位課程。長遠來說，營總須推動營舍業界人士認證以至營舍本身的認證，幫助營舍業界邁向專業。

### （3）營舍設計及定位

由於個別營舍已興建多年，一些機構亦積極推展營舍服務，所以近年不少營舍相繼進行修整重建工程，包括香港傷健協會賽馬會傷健營於二零一五年完成大翻新、香港遊樂場協會賽馬會銀礦灣營於二零一八年完成重建。二零二零年完成重建工程的香港青年獎勵計劃賽馬會愛丁堡公爵訓練營則有十分清淅的營舍定位，於工程進行前已決定未來的活動，於大翻新或重建時將設施一併建成。此外，過去營地很多場地都是多用途，但若條件許可，營舍各種場地應回歸單一，只作一個用途，免除或加重管理上的問題。

### （4）提升營舍活動的品味及層次

在營舍活動發展上，未來營舍可考慮提供不同層次服務，例如提升生活品味的活動，如鋸牛扒、嘆咖啡、飲紅酒的課程；但無論營舍活動如何變得多樣化，未來的營舍活動仍需保持營舍本身特色；並須與時並進，走出營舍，面向社區，最終都是達至培養德智體群美五育的目標。

近年有營舍開始成立專門活動部門為營舍提供活動，甚或將營舍活動外判以增加服務類型。營舍亦須經常檢視自行籌辦或外判活動的比例，而管理人員必須有敏銳的觸覺，做好與活動提供者的配搭，確保活動安全並維持良好的活動質素。

### （5）未來的挑戰和機遇

香港人愈來愈富裕，到國外的機票卻愈來愈便宜，令到

很多本地人選擇出國旅行，亦不考慮於本地參與宿營活動，面對眾多的平價旅行團，營舍服務確實面對不少競爭及挑戰。

營舍發展亦受到一些政府條例的衝擊，較早前的最低工資，即將實行的垃圾徵費，以至現正討論的最高工時，都對業界帶來不少影響。不過，政府一些新的政策亦為營舍發展帶來機遇，例如近日漁農自然護理署提出的提升香港郊野公園及特別地區康樂及教育潛力諮詢，讓營舍服務有新的思維，並有可能帶來新的資助。

最後，香港營舍的優勢，是大部份營舍均有政府資助，支持營舍營運，同時本港學校對營舍服務的需求量頗大，讓平日均能保有一定入營率。期望社會及政府更認同營舍在社會上確實有其價值及需要，讓更多人願意參與營舍活動。因此，營總會肩負宣傳營舍服務的重任實責無旁貸。同時營總亦須繼續加強與外國營舍界交流，提升業界視野，吸取營運營舍的寶貴經驗，以提升營舍服務的質素。期盼未來歲月，營舍服務更趨多元化，有五花八門各式各樣的活動，而香港人亦更認同營舍服務對他們的益處。

# 第八章

# 昔日點滴——
# 營舍的見證

# 營舍點滴

## 【為信念而生】
## 史篤士先生 Mr. George Stokes

一九五九年在倫敦舉行的國際難民年（World Refugee Year）的展覽中，史篤士先生見到當時香港人的生活艱苦，兒童青少年生活刻板，枯燥無味；因此，史篤士先生向朋友表示他希望前往香港工作，利用他接受工作訓練時所學到的知識，以及從事青少年工作的經驗，幫助香港的青少年。史篤士先生輾轉得到英國基督教福利會（Christian Aid）的邀請，於一九六零年前往香港發展青少年事務。史篤士先生在抵達香港後的三年內，成立了香港青年協會，把愛丁堡公爵獎勵計劃引進香港，亦有參與香港基督少年軍的工作，貢獻良多。

\* \* \* \* \*

## 【早期銀礦灣兒童營如何運送物資？】
## 廖義棠先生
### （前香港中華基督教青年會資深營舍服務工作者）

銀礦灣兒童營一九五三年暑假舉辦了「兒童夏令營會」，由於當時的渡輪服務比較稀疏，每次運送物資均需在中環必街碼頭租用木船運送。

## 【物盡其用，營舍也有紀念品？】
### 甘水容先生（前資深營舍服務工作者）

石頭、樹葉可以是很好的紀念品。營友將石灣石灘的石頭拾起，上色油油，互相交換；另外爬石澗，執樹葉，做書簽。

＊　　　＊　　　＊　　　＊　　　＊

## 【點只營舍咁簡單？】
### 莫頌平先生（前保良局資深營舍服務工作者）

二零零三沙士，面對 SARS 大時代，我服務的營舍被政府徵用為輔助隔離營，惟員工上下一心，接待於隔離營工作的醫務人員及一些院舍工作人員而沒有退縮，我以他們感到光榮。

＊　　　＊　　　＊　　　＊　　　＊

## 【從宵夜而來的感情】
### 吳龍光先生（前資深營舍服務工作者）

很多時同事都會齊齊落長洲大排檔宵夜，很開心，很難忘！曾經六、七十年代的同事，不管甚麼職級，都愛一起回來懷舊，有些同事到今亦會相約飲茶。

## 【有牙醫室，無牙醫？】
### 李惠芳女士（前香港明愛資深營舍服務工作者）

明暉營一九六四年成立，有一個牙醫室（三十六號房），因為早期香港明愛創辦人華德中神父，他好理想，認為來營舍度假最好能有醫生檢查牙齒，樓下三十六號房當時真的有牙醫的設施，例如洗涅盤等，但可惜始終找不到牙醫。

\*　　\*　　\*　　\*　　\*

## 【接送生涯不易做！要做臥底？】
### 孔繁偉先生（前資深營舍服務工作者）

銀礦灣營得兩更人，返七日，跟住放兩日，返四日，放一日，再返七日。當時要到統一碼頭接學生，早上會跟營友坐船入梅窩，但不會表露身份，暗地裏會留意那一個學生比較頑皮，到達碼頭才向老師表露身份。

\*　　\*　　\*　　\*　　\*

## 【千里良緣營舍牽？】
### 盧錦安先生
### （前香港明愛明暉營資深營舍服務工作者）

最開心的是營舍成就了很多姻緣。營舍的同事或是學校的老師，很多時都會一同食宵夜，造成了不少加深認識、增進友誼的機會，繼而共諧連理。多年來看到成功結良緣的，亦有十對八對。

## 【營舍員工要識功夫？】
## 李月嫦姑娘
## （前香港遊樂場協會資深營舍服務工作者）

以前的營舍很具外展味道，小學生個子高大，真的會與老師打起來，曾見過營友發脾氣從袋中取出刀仔指嚇他人，而營舍的同事勇敢的捉住他的手讓他冷靜，以保護其他人，所以說做營舍的都很需要判斷能力及解難能力。

＊　　　＊　　　＊　　　＊　　　＊

## 【抉擇最難！】
## 陳彩英女士（前社聯助理總幹事）

營舍過檔那裏都要講條件，那時都擔心，不知會否一腳踢你去第二度，不能返轉頭，以及如何認定你的 Grading 及 Staffing，簽賣身契，不可返轉頭。選了康體，營舍的年資社署會不承認。

## 【以前如何去烏溪沙營舍返工？】
## 伍建新先生
## （前香港中華基督教青年會資深營舍服務工作者）

一九七四年入職烏溪沙營舍，上班要在大學站坐船，當時以大眼雞為主要交通工具。由於只能坐五、六十人，超載經常發生，導致船身翻側，有人墮海。後來油麻地小輪公司提供海上巴士服務，兩層的船隻可容納二百八十至三百人，得以疏導交通。這段時期乘街渡或小輪均可到達烏溪沙，而每位入營人士可獲兩張船票，兩間公司均可選用。直至陸路交通發展至可以由九龍到達營地，小輪和街渡的服務才開始被淘汰。

\*　　　\*　　　\*　　　\*　　　\*

## 【那些年，看鷹的日子】
## 黃達明先生（前康樂及文化事務署助理署長）

藍天、碧水、倒影、堤壩……

堤壩兩旁欄杆上站滿雄糾糾的鷹是幻象？是真實？

每天清晨當返工的車經過堤壩時，警覺敏銳的鷹即時振翅高飛，霎時間漫天成百上千的鷹在空中飛翔……漫天飛舞……

初遇鷹群蔽天的景象時，真的嚇呆了！之後是讚嘆！是期待另一天的重遇！是刻骨難忘的景象！

在哪裏看到這奇景？告訴你，是西貢創興水上活動中心，三十年多前的事了。

### 【鮑魚雞粥係 friend 有份？】
### 潘澍基先生
### （前康樂及文化事務署總康樂及體育主任）

曾在家泡製鮑魚雞粥與營舍界朋友分享，退休後仍經常與當年共事的營舍界朋友飯叙聯誼。

＊　　　＊　　　＊　　　＊　　　＊

### 【政府將營舍服務走向康樂文化政策】
### 容德根先生（前首席助理文康廣播司）

工作多年，很多情景仍歷歷在目！當年爭取到將西貢舊軍營變為西貢戶外康樂中心，十分興奮！但此事得來不易，因為有其他部門一起競爭軍營的用途；而改裝為營舍的政府經費也很有限（只共四十萬元），需四出籌募及招募義工；更緊迫的是要在短短六個月內完成。所以雅麗珊郡主蒞臨營舍揭幕那天的心情，至今難忘！

＊　　　＊　　　＊　　　＊　　　＊

### 【等待人工智能】
### 孔淑恩女士（前中國香港營舍總會主席）

廚房有機械臂炒菜、飯堂出餸好像迴轉籌司店一樣，全自動將餸菜速遞到飯枱，希望可以看到這樣的一天。

走過百年的香港營舍服務

## 【毋忘初衷】
### 龔炳輝先生（前中國香港營舍總會內務副主席）

營舍近年也許偏重了運動康樂那一面，應拾回它的社會服務及教育功能。

＊　　＊　　＊　　＊　　＊

## 【留白】
### 饒奕明先生（中國香港營舍總會主席）

營舍在重建時可預留一些地方，以便日後回應社會需要時可有彈性去發展新的活動。

# 鳴謝

多謝以下熱心營舍服務的前資深營舍員工及前政府官員提供寶貴營舍歷史資料：

（排名不分先後）：

文康廣播科首席助理文康廣播司容德根博士

教育局總課程發展主任（體育）何振業先生

「香港中華基督教青年會」廖義棠先生

「香港明愛」林余麗伶女士

「香港社會服務聯會」陳彩英女士

「香港社會服務聯會」崔碧姍女士

「康樂及文化事務署」潘澍基先生

「香港中華基督教青年會」伍建新博士

「香港明愛」李惠芳女士

「香港浸信會聯會浸會園」甘水容先生

「伸手助人協會」孔繁偉先生

「香港明愛」盧錦安先生

「香港遊樂場協會銀礦灣户外康樂營」李月嬅女士

# 參考資料

參考書目及有關網址：

1.  童步成長路／郭少棠著／香港小童群益會出版 2006 年。

2.  突破四十年的腳跡，2013 年。

3.  香港青年協會會慶特刊，2000 年。

4.  遊樂顯童真／郭少棠著／香港遊樂場協會出版，2003 年。

5.  保良局 125 周年特刊（1878-2003），2003 年。

6.  香港中華基督教青年會會史（1901-2012），2013 年。

7.  香港中華基督教青年會九十周年會慶特刊 1901- 1991。

8.  香港基督教女青年會歷史 1920-1988，黃玉梅編著，1988 年。

9.  香港基督教女青年會七十周年紀念特刊（1920-1990），1990 年。

10. 長洲明愛中心 Gaudete House 特刊。

11. 香港少年領袖團 20 周年紀念特刊，2005 年。

12. 上帝所賜的福地 衛理園 40 年，盧錦華編，2007 年。

13. 香港營舍手冊 香港社會服務聯會兒童及青年部營地及宿舍委員會出版，1973 年 6 月。

14. 各營舍有關網址。

15. 康樂及文化事務署有關營舍網址。

16. 美荷樓生活館，香港旅遊發展局網址。

# 編輯小組名單

### 🚐 義務校閱：

伍建新

　　前香港中華基督青年會執行幹事，從事康樂體育及營舍工作四十年，中國香港營舍總會發起人之一及創會永久會員。

　　一九八五年香港十大傑出青年，曾任香港大學專業進修學院，康樂管理課程導師達二十年，現任中國香港游泳總會副會長。

鄭明仁

　　現任香港新聞博覽會委員。資深傳媒人，歷任電台和多間報館記者、採訪主任、總編輯。北京大學歷史系碩士。

### 🚐 撰稿員：

蘇婉琴（資深中學歷史科老師）

### 🚐 編輯小組成員：

#### 總編輯：

莫頌平

　　前保良局康樂服務部主管，從事康樂服務三十八年，中國香港營舍總會發起人之一及創會永久會員。二零一一年營舍世界大會宣傳及公共關係工作小組召集人。曾任香港青年協會賽馬西貢戶外訓練營重建委員會委員和勞工及福利局技能提升計劃康樂體育小組委員多年。

**小組成員：**

1. 黃達明

前康樂及文化事務署助理署長（康樂事務），曾任職多個政府營地及水上活動中心，現任香港康樂管理協會主席，香港浸會大學公共行政碩士課程諮詢委員會主席，香港嶺南大學運動教練及盛事管理（榮譽）社會科學學士課程諮詢委員會主席，香港足球總會技術及競技委員會副主席，香港中華基督教青年會營務及康樂委員會委員，中國香港營舍總會永久會員及榮譽會員。

2. 吳龍光

曾於香港營舍服務機構服務超過三十七年，是資深營舍服務管理人員，中國香港營舍總會創會會員。二零一一年世界營舍大會活動小組召集人。

3. 何松燊

曾任職香港中華基督教青年會營舍服務四十年，是資深營舍服務管理人員，二零一一年世界營舍大會擔任營地總監。

4. 饒奕明

香港遊樂場協會副總幹事（文化及體藝部），從事營舍服務十九年，在香港教育大學、香港浸會大學持續教育學院及港專學院擔任兼職講師。

5. 麥瑞麟

二零零五年開始於營舍界工作，曾任職香港青年獎勵計劃、香港航空青年團及救世軍的營舍服務，現任職香港基督教女青年會的營舍服務。

6. 陳瑩

前香港基督教女青年會梁紹榮度假村督導主任，從事營舍服務二十年。

# 舍分佈圖

上水 ㉙
㉗

㉓ ㉕
大埔

㉖

㉔
㉞

⑲ ㊱
西貢 ㉟

㉒ 馬鞍山 ㊺

⑯ 52 ㊴
⑰ ⑳㉑ ㊷ ㊵㊳
荃灣 ㊹
㊸
㊶㊼
九龍 ㊳
53 37

47 50
51 香港島 48
49

15

南丫島

**大嶼山**
01. 香港遊樂場協會賽馬會銀礦灣營
02. 香港遊樂場協會東涌營
03. 香港基督教循道衛理聯合教會衛理園
04. 香港基督教女青年會梁紹榮度假村
05. 香港青年旅舍協會昂坪戴維斯旅舍
06. 香港佛教聯合會陳馬美玉紀念康樂營
07. 香港少林武術文化中心

**長洲**
08. 香港明愛賽馬會明暉營
09. 香港明愛愛暉苑
10. 香港明愛家暉苑
11. 救世軍白普理營
12. 賽馬會長洲鮑思高青年中心

**馬灣**
13. 香港救世軍馬灣青年營
14. 香港太陽館度假營

**南丫島**
15. 香港青年協會南丫青年營

**荃灣**
16. 香港青年旅舍協會施樂園
17. 康樂及文化事務署曹公潭戶外康樂中心
18. 香港航空青年團下花山訓練營

**沙田、大埔及北區**
19. 香港中華基督教青年會烏溪沙青年新村
20. 香港女童軍總會博康營地
21. 香港童軍總會沙田童軍中心
22. 突破青年村
23. 香港童軍總會洞梓童軍中心
24. 香港明愛賽馬會小塘營
25. 香港青年旅舍協會白普理賽馬會青年旅舍
26. 香港青年獎勵計劃愛丁堡公爵訓練營

# 佈圖說明

27. 基督教宣道會宣道園
28. 東華三院馬草壟營地
29. 香港浸信會聯會香港浸會園
30. 香港女童軍總會賽馬會碧溪莊

## 元朗

31. 香港女童軍總會元朗康樂中心
32. 保良局賽馬會大棠度假村
33. 香港童軍總會蔡志明聯光童軍中心

## 西貢

34. 香港青年旅舍協會白沙澳青年旅舍
35. 香港青年旅舍協會白普理堂
36. 伸手助人協會樟木頭老人度假中心
37. 香港中華基督教青年會將軍澳青年營
38. 香港中華基督教青年會黃宜洲青年營
39. 保良局賽馬會北潭涌度假營
40. 香港小童群益會白普理營
41. 香港少年領袖團萬宜訓練營
42. 香港青年協會賽馬會西貢戶外訓練營
43. 香港童軍總會白沙灣譚華正海上活動中心
44. 康樂及文化事務署西貢戶外康樂中心
45. 康樂及文化事務署麥理浩夫人度假村
46. 康樂及文化事務署創興水上活動中心

## 港島

47. 香港青年旅舍協會賽馬會摩星嶺青年旅舍
48. 香港女童軍總會新德倫山莊
49. 香港童軍總會大潭童軍中心
50. 康樂及文化事務署鯉魚門公園
51. 香港傷健協會賽馬會傷健營

## 九龍

52. 香港童軍總會基維爾營地
53. 香港青年旅舍協會美荷樓

香港營

元朗

大嶼山

長洲